世界食紀行

マンハッタンからボルネオまで

下渡 敏治

World food travelogue

From Manhattan to Borneo

Toshiharu Shimowatari

目次

中国……117

香港……157

ヨーロッパ

凱旋門とシャンゼリゼ通り

ベルンカステルの風景

2

グラス一杯のワイン

——ドイツ・ベルンカステル

このコイン（coin）でワインを一杯いただけませんか？

手元に残っている一枚のドイツ硬貨を差し出した。町の中心から30分ほど登った丘の上の崩れかかった古城の跡にオープンしている小さなレストランである。ＯＫ、大丈夫だよと言って、レストランの店主らしい男性がグラスに注がれたワインを運んできた。

ありがとう、私は透明なグラスに入った白ワインをゆっくり飲みほした。何という美味しいワインなんだろう、初めて飲むドイツワインのせいか、その1杯のワインがこれまで飲んだどのワインよりも美味しい特別なワインのように感じられた。

ここはドイツ有数のワインの産地であるモーゼルワインの代表的な町のひとつベルンカステルであ

る。昨夜、オランダのアムステルダムからドイツのデュッセルドルフを経てライン川沿いをミュンヘンに向かう途中のコブレンツ駅で下車し、路線バスに乗り換えて1時間40分かけてこの町に来た。夕方、ベルンカステルに着いた私は、バス停の近くにある HOTEL ZUR POST という外壁に馬車の絵が描かれた小さなホテルに泊まることにした。夕食にはモーゼル川で獲れるこの地方の伝統料理らしい川魚のムニエルが出た。

翌日、朝食を済ませて街に出て銀行を探した。午前10時になってもどの店もシャッターが下りている。しまった、今日は土曜日なんだと初めて気づいた。うっかりして、ドイツでは土日は商店街が休みになることを忘れていた。万事窮す。朝食と夕食はホテルで摂るから何とかなるが、手元にはドイツに入国する前に交換したドイツ通貨のコインが1枚しか残っていなかった。諦めて歩き出した時に目に止まったのが丘の上の古城だった。ひとまず古城に行ってみようと、古城を目指して歩きはじめた。古城に向かう道の両脇の斜面には一面ブドウ畑が広がっている。ヨーロッパに来て一番驚いたのは、列車の車窓に広がる広大なブドウ畑（ヨーロッパではワイン畑と呼ぶそうだが）と、スーパー・マーケットの棚に並んだワインとチーズの種類の豊富さだった。

ドイツで最も古いワインの産地のひとつであるモーゼル地方は、ローマ帝国の時代にローマ人によってブドウの栽培技術がもたらされたと言われている。モーゼル川流域の２４３キロに及ぶ渓谷の65度の傾斜地に広がるテラス式のブドウ畑は壮観である。

山下範久氏によると、ローマが都市国家から帝国へと成長する過程で、ブドウの栽培とワインの醸造がヨーロッパ各地に広がったようである。周辺国を征服するための軍隊の派兵に伴って戦地に輸送されていたワインが、やがて征服した土地でのブドウの栽培とワイン醸造へと変化したというのが、ヨーロッパ・ワインの成り立ちのようである。当時、ガリアと呼ばれていたフランスがその典型である。ライン川やモーゼル川流域もそうしたローマ帝国の拡大過程で、ローマ人が持ち込んだブドウ栽培とワイン醸造の産地の一つだったことが判る（『ワインで考えるグローバリゼーション』ＮＴＴ出版）。

今風に言うならば、沖縄や韓国やサウジアラビアやドイツなどの米軍基地に駐留しているアメリカ軍の兵士が、コカ・コーラ（Coca-Cola）無しには一日も生きられないのと同じように、ローマ軍の兵士にとってワインは必需品だったのである。ブドウの栽培とワインの醸造は、紀元前７０００～８０００年前にすでに黒海とカスピ海に挟まれたコーカサス地方（グルジア）でその痕跡が見つかっており、それが次第に黒海沿岸からギリシャに伝播したと言われている。ローマ時代以前にはギリシャが、ローマ帝国崩壊後は各地の修道院がワインの醸造を引き継いだ。この時代のブルゴーニュやボルドーなどのワイン産地は取るに足らなかったようである。

ヨーロッパの多くの国々の人々にとって美味しいワインは最上の悦びだったに違いない。ローマ帝国崩壊後、荒廃したブドウ園とワインの醸造を復旧する作業は容易ではなかったと思われる。ブドウ栽培とワイン醸造の復旧に献身的な努力を惜しまなかったキリスト教のお坊さん達にとっても、ワインは単なる宗教上の儀式にとどまらず日常的な愉しみのひとつだったのではないだろうか。

モーゼル地方の栽培品種は、リースリングが主で、他にリヴァーナーや、土着品種のエルプリング、ヴァイスブルグンダー、グラウブルグン、シャルドネといった品種が栽培されているが、濃厚なカルベネ・ソーヴィニヨンなどは気候的に栽培が難しかったのではないかと思われる。

なぜモーゼルに来ることになったのか、それは嘗て私が日本酒の産業、とりわけ地酒の競争構造の研究をしていた時に、小規模生産が支配的な地酒とワインの産業組織に共通点が多いことに気付いて、ワイン産業に興味をもったのがその理由である。ニューヨーク州のフィンガーレイク湖畔にも、湖畔の斜面を利用してブドウを栽培しているワインの産地があって、休日にはワイナリーめぐりに行ったことがある。

今回、ヨーロッパに来ることになって、ワインの本場であるヨーロッパのワイン産地を見学したいと思って、最初に立ち寄ったのがベルンカステルである。ところが、土日はワイナリーめぐりのツーリズムも休業で、徒歩でワイナリーを回るのは容易ではない。結局、ホテルの対岸のクエスのワイナリーを二、三覗き見しただけで終わってしまった。

モーゼルワインの旅の収穫は、着いた翌日に古城跡のレストランで口にした一杯のワインである。まさに「素晴らしいワインは、素晴らしい芝居と同様、思い出の中で光り輝く（ロバート・ルイス・

ステイーヴンソン）ことになったのである。

バス停でコブレンツ行きのバスを待っていると地元のおじいさん達が寄ってきて、このバスに乗れと教えてくれた。30年近く前に、遙か遠くの東洋の国からモーゼルワインの産地に足を運ぶ人間は珍しかったのかも知れない。

しかし時間の流れとは不思議なものである。その18年後に再びベルンカステルに来ることになるとは夢想だにしなかった。平成23年に、ある業界団体の調査団に同行してオランダ、ドイツ、スペイン、イタリアの4カ国を訪問する機会に恵まれた。オランダ北部のKrijger Molenaarsという完全自動システムの製粉工場を見学した後、ドイツに移動し、ドイツの製粉協会とライン川の支流に面したタワー・ミルを見学した後、ライン川を見下ろす古城のホテルに一泊した。翌朝、日本でも有名なライン川の観光スポットのひとつローレライを見学した後、マイクロバスでモーゼル川に沿って南下し、ルクセンブルグに向かう途中で昼食に立ち寄ったのがベルンカステルである。屋外のレストランに席を取った私達は、ドイツが世界に誇るソーセージを摘みながらモーゼルワインのリースリングを堪能した。

何という不思議な巡り合わせだろう。もう二度と来ることはないと思っていたモーゼルワインの産地を通過する機会に恵まれたのは、まったくの幸運としか言いようがない。そういえば、日本に最初に輸入されたのはフランスワインではなく、実はドイツワインだったという逸話がある。

7　ヨーロッパ

現在では、ワインは南太平洋の島国やシベリヤなどの寒冷地を除いて、ブドウの栽培が可能な世界中のありとあらゆる国や地域で醸造されるようになっている。モーゼルワインとの出会いが、ヨーロッパのワイン醸造がローマ帝国の成立、拡大と深く関わっていることを知ることになった。出会いとは不思議なものである。

フィッシュ・アンド・チップス

——英国・ロンドン

フィッシュ・アンド・チップスを初めて口にしたのは1998年の夏である。場所はロンドン市内のレストラン。大勢で食べたせいか味はほとんど覚えていない。とくに感動することもなかったように思う。

イギリスには〝大英帝国は粗食の上に築かれた〟という名言があるそうだが、植民地の原住民と同じ生活をして彼らを手なずけるという意味があるらしい。

ヨーロッパの他の国々から、〝お国は食事の作法にうるさいのに美味しい料理がありませんね〟と嫌味を言われるほど、イギリス人は食事の作法にはうるさいのに、料理に関しては無頓着というか、あまり関心がないというのが国際的な定説のようである。

というか、イギリス人は豪華な食事よりもむしろパブでソーセージとかジャガイモやキャベツを茹でた温野菜を摘みながらビールを楽しんだり、手軽なアフタヌーンティーで客をもてなしたりすることに喜びを感じているようである。ミルクをたっぷり使った午前と午後のティー・タイムは、イギリス人のライフスタイルそのものである。住居も100年以上経った古い家屋を好み、自然豊かな田園地帯に住んでガーデニングやキッチン・ガーデンで野菜作りを楽しむといった具合である。

そのイギリスで、ロンドンが発祥とされるタラなどの白身魚のフライと、イギリス北部生まれのポテトフライが結婚して生まれたのが〝フィッシュ・アンド・チップス〟である。

イギリス流ファスト・フードのフィッシュ・アンド・チップスが店舗販売され始めたのは1860年頃というからかなり古い歴史がある。

フィッシュ・アンド・チップスがなぜイギリスの代表料理と言われるようになったのか、それには産業革命が深くかかわっている。産業革命で生まれた労働者たちが、安価ですぐに食べられ、しかも腹もちのよい食事を求めており、労働者の食事として普及したというのがその理由である。フィッシュ・アンド・チップスは、いまもイギリスのファスト・フードとして多くの市民に親しまれているのである。ただ、マクドナルドなどのアメリカ発のファスト・フードの進出によって、フィッシュ・アンド・チップスの販売店も減少傾向にあるようだが、いまでもロンドン市民に根強い人気があるという。

私の住んでいる街にも、7年前にブリテイッシュ・パブがオープンした。パブの名はALES & STOUTS BRITISH PUB FISH & CHIPSである。もちろん、店のメイン・メニューはフィッシュ・アンド・チップスである。パブのすべてのメニューが一律500円のONE COIN FOODであるのに対して、フィッシュ・アンド・チップスだけが650円になっている。

ロンドンでは、大英博物館、ロンドン塔、ビッグベンと国会議事堂、そしてバキンガム宮殿の衛兵交替などを見に行った。大勢の群衆に交じって衛兵交替を待つわれわれの目の前を、サングラス姿の中年の男女が乗ったスポーツカーのオープンカーが颯爽と走り去って行った。如何にもロンドンらしい風景だと思った。

翌日は、キューガーデンを見学した後、バスで2時間半ぐらいの農村にあるチャーリー・フロスト・ファームという農場を訪問した。この農場では、250エーカーの農地に小麦などを栽培していたが、イギリスのEU加盟によって、フランスやウクライナなどから安い小麦が輸入されるようになると経営が厳しくなると話していた。われわれが行った時には、クリスマス用のモミの木を栽培する傍ら、ヴィラ（民宿）も経営していた。

自由時間には地下鉄に乗ってロンドンの銀座か、新宿ともいうべきピカデリー・サーカスや、金融の中心であり、世界のダイヤモンド取引を支配しているシティにも行った。

そのロンドン市内には、近年、リーズナブルな値段で寿司やてんぷらなどの和食を提供するレストランやラーメン店が増えているようである。その一方で、日本人が満足するような味の料理を提供するレストランの数はまだ少ないといった声も聞かれる。それでも私たちが行った22年前とは隔世の感がある。

それにしても、シャフツベリー・アベニューのチャイナ・タウンで食べた中華料理の味には失望した。横浜、神戸はもとより、カルカッタ、ムンバイ、バンコク、サンフランシスコ、ニューヨークなど、どの国のチャイナ・タウンの中華料理も私の期待を裏切らなかった。たまたまロンドンでは、メニューの選択を誤ったのかも知れない。

一杯のワンタンスープ

――オランダ・アムステルダム

オランダに行ったのは、ロッテルダムのユニリーバとバザーンダムのアルバート・ハイン（Albert Heijin B.V.）と、デンヘルデルにあるDE BOERというローカルスーパーに行くためである。

パリを出発して最初に立ち寄ったのが、ヨーロッパの海の玄関とも言うべきロッテルダムである。オランダにとって、海との関係は切り離せないものである。オランダには〝地球（世界）は神様が創った、オランダはオランダ人が創った〟という格言があるそうだが、オランダの国土の3分の2はオランダ人が海を埋め立てて造成したものである。いまもオランダの国土には海面よりも低い場所が多い。アムステルダム空港などは海抜よりも8メートルも低い場所に造られている。

ロッテルダムは香港にその座を明け渡すまで、長年に亘ってコンテナの取扱量で世界一を誇ったヨーロッパ最大の港である。日本の9分の1の国土面積しかないオランダが、米国に次ぐ世界第2位の農産物輸出国の座を維持しているのは、ひとえにロッテルダム港によるものである。世界各地から運ばれてくる穀物その他の農産物は、ロッテルダム港で加工された後、隣国ドイツをはじめヨーロッパ各地に輸出されている。

２０１１年にロッテルダムに行った時には大規模な改修工事がおこなわれていたが、改修工事を終えたロッテルダム港は、多面的な機能と近代的な設備を備えた国際港に生まれ変わっている。そのロッテルダムには、ＢＰ、エクソン・モービルなど多国籍石油資本のセブンシスターズ（七大国際石油会社）のひとつロイヤル・ダッチ・シェルと並び称されるユニリーバ（Unilever）の本社がある。ロイヤル・ダッチ・シェル（シェル石油のシンボルマークの貝は湘南海岸の貝がモデルと言われている）もユニリーバも、オランダとイギリスの合弁企業（オランダのマーガリン会社とイギリスの石鹸の会社が結婚したのがユニリーバ（ロンドンとロッテルダムに本社がある）である。

ラックスなどのテレビコマーシャルで知られるユニリーバは、その多彩な広告宣伝と巧みなマーケティング活動によって世界中の主婦のハートを掴んだ巨大な日用品のサプライヤーである。世界の９０００万以上の世帯が1日20億個のユニリーバ・ブランドの商品を利用し、世界80カ国以上に６００以上の子会社と３００以上の直営工場を所有し、年間売上高は５１９億ユーロ（6兆４０００億円）に達している。従業員は50万人に達し、世界の食用油脂の50％以上を供給し、全ヨーロッパのマーガリン市場の75％を支配し、石鹸、洗剤、歯磨き、マーガリン、ビール、冷凍食品、アイスクリーム、化粧品、プラスティック、飼料、自転車、セメント、合板などシャンプーから自転車まで超多角的な商品を供給している巨大な消費財企業である。知人の紹介状を持ってユニリーバを訪問した後、次に向かったのはデンハーグである。

オランダの首都はもちろんアムステルダムであるが、実はオランダの首都機能は国際司法裁判所や国会議事堂や各国大使館などのあるデンハーグに集中しており、オランダに首都が二つあると言われるのはこのためである。だまし絵で有名なエッシャー美術館や、レンブラントの絵で有名なマウリッツハイス美術館もこのデンハーグにある。インドネシアの宗主国だったこともあって、１９９３年当時のデンハーグの街にはインドネシア料理のレストランが多かったと記憶している。

翌日はアムステルダムに向かった。アムステルダム駅に到着して、今夜の宿を予約するため、駅前のツーリスト・インフォメーションに向かった。今回のヨーロッパ行きにあたっては、東京・市ヶ谷のユースホステル本部でユースホステルの会員になっていたので、アムステルダムではユースホステルを利用することにした。アムステルダム中央駅からトラムに乗ってユースホステルに向かった。ユースホステルまではトラムで20分程度だったと記憶している。

ニューヨークを発ってから5日目、初めてのヨーロッパだったこともあって、パリではユーレールパス（ヨーロッパ周遊券）を購入するのに一苦労し、ようやくパリ北駅で二等車の周遊券を購入し、ブリュッセル、ロッテルダム、デンハーグを経てアムステルダムに着いた時には心身ともに疲労困憊しており食欲もなかった。しかし何か食べなければいけないと思って、ユースホステルで一休みしてから食事のために外出した。ユースホステルの周りは閑散とした住宅街で、レストランらしいものは見当たらない。もちろん当時のヨーロッパにはコンビニもなかった。

暫く歩いていると、1軒の中華レストランが目に入った。20席ぐらいのこぢんまりしたレストランである。時間が早かったためか客は誰もいなかった。メニューを見ながら中国系と見られる経営者らしい男性に、体調が悪くて食欲がないのでワンタンスープだけでいいですかと聞いてみた。男性はいいですよと答えて、暫くしてワンタンスープが運ばれてきた。疲弊した私の身体に一杯のワンタンスープは恵みの雨だった。この一杯のワンタンスープによって、心身の疲れが癒されるのを感じた。この時ほど日頃は当たり前のように食べている一杯のスープの有り難さと、異国で出会った見知らぬ人の親切をしみじみと感じたことはなかった。

翌朝、アムステルダムから30分ほど離れた場所にあるアルバート・ハインのスーパー・マーケットを見てから、デンヘルデルのローカル・スーパーDE BOERに向かった。デンヘルデルまでは片道1時間半の距離である。車窓にはロッテルダムやアムステルダムでは見ることのできない美しく整ったオランダの田園風景が広がっていた。

オランダのスーパーに行って一番驚いたのが、ワインとチーズの種類の豊富さだった。現在の日本では、ヨーロッパ各地のワインやチーズが当たり前のように店頭に並んでいるが、二昔前の日本では、ヨーロッパのワインもチーズも、まだまだ一般庶民が日常的に消費できるような商品ではなかった。

デンヘルデルからアムステルダムに帰る途中の駅から、大学生らしい女性が列車に乗り込んできて私の向かい側の席に座った。驚いたことに、彼女はバッグから刻んだタバコの袋を取り出して、白い紙にくるくるっと巻いて自家製のたばこを作って吸い始めた。ヨーロッパに行った当時、パリからオランダに向かう列車内では煙草を吸っている男女の客が多かったと記憶している。アメリカではすでに喫煙が制限され始めていたが、同じ時期のヨーロッパでは喫煙に対する規制はほとんどなかったか、非常に緩かったように思う。それにしても、飾り窓も一日5グラム以内のソフトドラッグの使用も容認されているオランダという国の懐の深さというか、すべてを自己責任に委ねている社会の在り方に、日本との大きな違いを感じた。

ミュンヘンのビアホール
ドイツ・バイエルン州

「ミュンヘン、サッポロ、ミルウォーキー（世界の三大ビール産地）」、「男は黙ってサッポロビール」というテレビコマーシャルが流行った時期がある。

高度成長期の日本ではビアガーデンやビアホールなどが次々に開店し、夏ともなると新宿や渋谷のデパートの屋上のビアガーデンはヒト、ヒト、ヒトで溢れていた。日本酒が主役だったアルコール飲料の世界で、ビールやウイスキーの消費が急速に拡大し、町の一杯飲み屋も赤ちょうちんもスナックもビールとウイスキーが主役の座を占めるようになっていった。日本酒や焼酎の消費が圧倒的だった地方都市でも、ビールが日本酒や焼酎の消費を上回るようになったことがテレビや新聞等でも報じられた。

私はあることが切っ掛けで、地ビール・ビジネスの起業を考えた時期がある。大手食品会社に勤める友人に頼んで密かに考えていたビール・ブランドの商標登録やビール会社の設立手順などについて調べてもらった。この時の資料がいまも手元に残っている。当時、ビールに関する書物や資料を集めたり、アメリカに行った時にシアトルやナイアガラに近いカナダのブルワリー・パブを見に行ったこともあった。

そんなこともあって、常々、ドイツに行く機会があったらビールの都ミュンヘンのビアホールに行ってみたいと考えていた。

ドイツで最も歴史のあるビアホールと言われる「ホーフブロイハウス」に行ったのは、朝の10時過ぎである。さすがに、この時間帯のビアホールは客が少なくがらんとしていた。世界に冠たるドイツ・ソーセージのせいかどうか、ドイツというとワインよりもビールをイメージしてしまうのは私だけだろうか。ドイツで桁違いにビールが消費されるのが、ここバイエルン州である。そのドイツでもビール離れが進んでおり、1976年に年間150リットルを超えていた国民1人当たりの消費量が2000年代には100リットルに減少しているという。そういえば、お隣のバーデンヴュルテンベルク州などのライン川沿いの他の州はビールよりもワインの生産が盛んである。

ビアホールに入って、ミュンヘン名物の大ジョッキを注文した。暫くして、フロイラインと呼ばれている大ジョッキと同じぐらいの腕の太さの中年のウエイトレスの女性がビールを運んできた。ひとりでビールを飲んでいると、ドイツ人らしい男性がビアホールに入ってきて、日本人と思ったのかウエルカムと言って私の横を通り抜けて行った。アメリカでもそうだったが、見知らぬ相手に軽く挨拶する習慣はとても良い文化だと思う。日本でもたまに地方に行った時などに年配の方から声をかけていただくことがあるが、日本では見知らぬ人に挨拶することは滅多にない。

それから10年後の９月に、再びミュンヘンに行く機会に恵まれた。ザルツブルグのモーツアルトの生家を見て、夜バスでミュンヘンに到着し、ATRIUMというホテルに宿泊した。

その翌々日には、大麦ではなく小麦から造られるホワイト・ビールを醸造しているというERDINGERRというビール会社を訪問した。ビール工場の見学を終えて皆にビール券が配布された。近くの広場で開催されているビールのイベントにこのビール券を持っていくと、搾りたてのホワイト・ビールが飲めるという。広場に移動してビール券を渡すと、大きなジョッキに注がれたビールを渡された。さすがはビールの都ミュンヘンである。大麦ではなく小麦で造られたホワイト・ビールの味は格別だった。午前中だったこともあって、少し飲んだだけで酔いが回ってきた。

毎年、９月末には国内外から６００万人が参加するビールの祭典「オクトーバー・フェスト」が開催されているが、今年はコロナウイルスの影響で開催が中止になったというニュースが流れた。翌日はフュッセンに移動し、ノイシュバンシュタイン城を見学し、その翌日はシュバルツバルト（黒い森）からベルンに向かった。

そう言えば、赤坂溜池の近くにはベルマンスポルガという牧歌的な雰囲気のドイツ料理のビアレストランがあって、私も連れて行っていただいたことがある。店内ではアコーデオンやピアノのバンド演奏が行われており、お客さんが一緒に合唱できる温かみのあるレストランだったが、１９９６年に閉店したらしい。古き良き時代の思い出である。

最近はアルコールの量が減ったこともあってビアホールに行くこともなくなってしまったが、時折、丸の内線の新宿駅近くの地下にあるミュンヘンというビアレストランに行くことがある。

もともとドイツの南部に位置し、イタリアに近いバイエルン州は教会や修道院の影響の強い地域であり、ビールも修道院で独占的に醸造されていたようである。

ローマ時代には、当時品質の良くなかったビールは奴隷の飲み物で、普通のローマ市民はワインしか飲まなかったようである。ミュンヘンが世界有数のビールの生産地として知られるようになったのは、バイエルン王国を治めたヴィルヘルム４世が、ビールの醸造には大麦とホップと水以外のものを禁止する「ビール純粋令」という法律を施行して、ビールの品質を高めたことが大きかったようである。

そう言えば、世界のアルコール飲料の消費量は、ベラルーシ、リトアニア、チェコ、クロアチア、オーストリアといった東ヨーロッパの国々が上位を占めている。

世界最大のビール会社である米国のバドワイザーの社名が、実はバイエルン州の隣にあるチェコのビールの名産地の名称に由来していることはあまり知られていない。中央ヨーロッパのチェコは良質のホップが採れることで有名である。そのチェコのビールの名産地であるブドヴァイゼルの英語名が、世界最大のビール会社バドワイザーの社名になっている。この商標を、チェコに無断で使用したことがチェコとの間で争いに発展し、ヨーロッパではバドワイザーというブランドは使用せず、Bud と Bush というブランドで販売することになったという。

因みに、世界のアルコール飲料の種類別消費量（２０１４年度）を調べてみると、スピリッツ（ジン、ウオッカ、テキーラ、ウイスキー、ブランデー、白酒、焼酎など）が50・１％で第１位、２位のビールが34・８％、ワイン３位で８・０％、その他７・１％となっている。

因みに、日本の一人当たりのアルコールの消費量は、ビールが世界99位、ワインが72位、スピリッツが13位となっており、アルコール全体では55位となっている。問題山積のこの時代、せめて「命の水」であるお酒ぐらいは楽しく飲みたいと思うのだが。

レマン湖畔のネスレとエビアン

スイス・ヴェヴェイとフランス・エビアン

レマン湖はスイスとフランスに跨る美しい湖である。そのレマン湖畔には、多くの国際機関が置かれている。ローザンヌに本部のある国際オリンピック委員会（IOC）もそのひとつである。さらにレマン湖南西岸のジュネーブには、国連の欧州本部とも言うべきジュネーブ事務局、緒方貞子さんが高等弁務官を務めた国連高等弁務官事務所や国際労働機関（ILO）、新型コロナウイルスで脚光を浴びた世界保健機関（WHO）、世界貿易機関（WTO）、赤十字国際委員会（ICRC）、欧州サッカー連盟（UEFA）など20近い国際機関やそれらの支部がある。これほど多くの国際機関が集中している都市は、ジュネーブをおいてほかにはない。

またレマン湖畔のヴェヴェイには、世界の喜劇王チャールズ・チャップリンが、ローザンヌの近くには、〝ローマの休日〟や〝テイファニーで朝食を〟など多くのハリウッド映画に出演し、晩年はユネスコの親善大使として世界中の恵まれない子供たちのために尽くした銀幕の妖精オードリ・ヘップバーンが暮らしていたトロシュナ村がある。

最初にレマン湖畔に行ったのは１９９３年の春である。イタリアのミラノから列車でヴェヴェイという小さな町に行くためである。途中で夕方になった。ヴェヴェイには適当なホテルがあるのだろうか。不安になった私は、ガイドブックにあったひとつ手前のモントルー駅で下車することにした。地中海のリヴィエラにも例えられる夏のリゾート地モントルーならホテルが見つかりそうだと思ったからである。モントルー駅で列車を降りてホテルを探しを始めた。坂道を登った所にホテルらしい建物を発見した。入口で宿泊したいのですがというと、ここはホテルではありません、ホテルスクールですという答えが返ってきた。そう言えば、スイスはローザンヌのホテル学校などホテル・マネージメントで有名なホテル・スクールが多いと聞いたことがある。受付の女性に、この先にユースホステルがあるから行ってみたらと言われて歩き出した。ホテルスクールから数十メートル先の坂を登った場所にユースホステルがあった。宿泊をお願いすると食事なしだったらＯＫだという。助かったという安堵の気持ちで部屋に荷物を置いて、夕食を摂るためにモントルー駅の近くのレストランまで歩いて行った。

レストランはレマン湖に面して建っており、眼下には夜のレマン湖の白い湖面が広がっていた。時間が早かったためか、店には客はいなかった。従業員は男性だけで女性の姿はなかった。暫くして、ウエイターらしい男性がメニューを運んできた。メニューはすべてフランス語で書かれている。ウエイターが話す言葉もフランス語だった。スイスという国は多言語国家であり、大掴みに見ると、西がフランス語圏、東がドイツ語圏の二つの言語圏に分かれている、私がいま滞在しているレマン湖周辺はフランス語圏なのである。どうしてひとつの国が複数の言語圏に分かれているのか、それはこの国が辿ってきた複雑な歴史が深く関わっているが、ここでは触れないことにする。

フランス語が話せないため、このレストランのお薦めのメニューをくださいと英語で注文した。しばらくして、ウエイターの男性が運んできたのはイカ（烏賊）だけを使ったフランス料理だった。飲み物にビールを頼んだのかグラスワインを注文したのかよく覚えていないが、このイカの料理がとてつもなく美味しいのにはびっくりした。日本でフランス料理店に行くことは滅多にないが、もし同じメニューがあったらぜひもう一度食べてみたいと思う。久しぶりに美味しい料理を堪能した。翌朝、簡単な朝食を済ませて列車で隣のヴェヴェイに向かった。レマン湖に面したヴェヴェイはこぢんまりとした美しい町である。ヴェヴェイ駅に着いて、とりあえずレマン湖に向かって歩きはじめた。途中からレマン湖を左手にみながら右折して15分ほど歩くと目的の場所に到着する。

ネスカフェやキットカットのブランドで知られるネスレ（Nestlé）の本社は、この小さな町ヴェヴェイにある。薬剤師アンリ・ネスレによって１８６６年に創業したネスレは、１５０年の歴史を有するヨーロッパ最大、世界最大の超優良食品企業である。ベビーフードの製造企業として創業したネスレは、その後、乳製品やチョコレートなどの菓子、インスタントコーヒーなどの製造企業として成長し、現在、世界１８９カ国に現地法人を所有し、年間売上高は10兆円を超えている。本社ビルはレマン湖に面して建っており、本社ビルとレマン湖との間にはきれいに刈り込まれた緑の芝生が広がっていた。本社ビルの建物は、レマン湖の景観とのバランスを考慮したと思われる7、８階建の低層構造になっており、広々とした1階のロビーには何も置かれていない。あいにく、私の明確な到着日時を知らせてなかったこともあって紹介状を持参した相手方に会うことが敵わなかったが、ネスレの本社を訪問することができて目的は達せられた。

２回目にレマン湖畔を訪問したのは、その10年後の夏である。チューリヒに一泊し、翌日の午前にベルン市内を見学し、午後からバスでローザンヌとは反対側のレマン湖畔の道路を一路フランス国境に向けて走った。１時間半だったか2時間だったか正確な時間は忘れてしまったが、途中ドライブインみたいな休憩所で休憩して目的地に向かった。

目指すはあのミネラルウォーターで有名なエビアン（ｅｖｉａｎ）の工場である。ダノンがブランドを所有するエビアンは、ボルビック（その後、ダノンの傘下に組み込まれた）やネスレ傘下のヴィッテルやコントレックスなどとともに日本国内でも販売されている。そのエビアンの工場が丁度レマン湖を挟んでローザンヌの対岸のヨーロッパ・アルプスの最高峰モンブラン（標高４８１０メートル）の麓にある。

エビアンというブランド名はエビアンという地名から来たものである。エビアンの工場のある一帯は一面岩肌が剥き出し状態になった禿山になっており、樹木らしいものは見当たらない。一風変わった風景である。こんな場所からエビアンのミネラルウォーターが湧き出しているのが不思議だった。ミネラルウォーターをボトリングする工場は至ってシンプルであり、湧き出したミネラルウォーターを溜める大きな貯水槽がいくつもあり、簡単に言うと貯水槽のミネラルウォーターをペットボトルに詰めるだけの工程である。工場の管理者から一通り説明があり工場を見学させてもらった。

他の参加者も同じことを感じたようだが、この工場に来て一番印象に残ったのは案内役の二十歳ぐらいと思われるフランス人の女性だった。その容姿と顔立ちがまるで絵本から抜け出してきたフランス人形みたいに可愛いのである。つい余談になってしまったが、旅先では思わぬ出会いや出来事があるものである。

カタツムリの街のエスカルゴ

フランス・パリ

2月20日のパリは肌寒く空はどんよりと曇っていた。シャンゼリゼ通りの街路樹はまだ冬眠から目覚めていなかった。シャルルドゴール空港からシャトルバスに乗って凱旋門の近くでバスを降りた。とりあえず、凱旋門の近くの路地を入った場所にある小さなホテルに宿をとった。

初めてのパリに気持ちが高ぶっていたが、これから始まるヨーロッパ一周に備えて、市内観光は極力控えることにした。パリに来る前に読んだ旅行案内書に、鉄道でヨーロッパを旅行するにはヨーロッパ周遊券が便利だと書いてあったので、まず鉄道の駅に行って周遊券を購入することにした。しかしどこの駅でヨーロッパ周遊券を購入できるのかが判らない。最初に行ったのが凱旋門に比較的近いサン・ラザール駅である。しかし窓口に行くとここでは売ってないという。

パリには南からベルシー・ブルゴーニュ・ペイ・ドーヴェルニュ駅、モンパルナス駅、オステルリッツ駅、リヨン駅、サン・ラザール駅、東駅、北駅の7つのターミナル駅がある。嘗ての東京がそうだったように、東北、北陸方面に行くには上野駅、長野や山梨方面は新宿駅、関西・九州方面は東京駅を利用したのとよく似ている。しかしパリのターミナル駅は、東京の山手線のように環状線で繋がっているわけではないから、東京から来た人間にとっては不便である。オランダ、ドイツ方面に向かう列車の発着点である北駅に行けば周遊券が購入できることが判って、北駅でようやく2等車のヨーロッパ周遊券を入手することができた。初めてのパリで土地勘がないため、周遊券の購入に手間取ってしまった。

翌日にはパリを発ってオランダに向かった。次にパリに戻ってきたのは3月18日である。この3週間の間にシャンゼリゼ通りの街路樹が芽吹き始めていた。ビジネス街ラ・デファンスにあるフランスのネスレ本社、ルーブル美術館、ノートルダム大聖堂、エッフェル塔と主な名所を回ってからTGV(フランスの新幹線)でボルドーを目指して南下した。ボルドーに着いたのは夕方の6時を回っていた。とりあえず駅前の小さなホテルにチェックインし、荷物を置いて食事を摂るために駅の方向に向かって歩いた。夕食を済ませて、列車の時間を確認するためボルドー駅に向かった。そこで偶然にロンドン留学中だという日本人の青年にあった。1年間の留学を終えて日本に帰国する前だという。帰国後は、長野県の松本市にある実家のホテルを継ぐ予定だという。ボルドー駅の階段に腰掛けて、二人で話すうちにとうとう夜が明けてしまった。

翌日、比較的ボルドー駅に近いワイナリーを2か所見学してから、各駅停車のローカル線に飛び乗って地中海のマルセイユを目指した。南北に120キロメートル、10万ヘクタール、シャトー（ワイナリー）が9000以上もあるワインの大産地ボルドーを、僅か1日、2日で見学することは到底不可能である。

これから向かうマルセイユは、航空機が発達していない時代にフランスの玄関口だった港である。多くの画家志望の青年や医学生や文化人が、マルセイユを経由してヨーロッパ各地に向かった。いまでは10時間程度でヨーロッパ各地に行くことができるが、明治、大正時代にヨーロッパに渡航するのには数か月という気の遠くなるような時間が必要だった。日本近代詩の父と言われる萩原朔太郎の「ふらんすへ行きたしと思えども／ふらんすはあまりに遠し」という詩にあるように、ヨーロッパに渡航することは容易なことではなかったのである。

マルセイユに移動する途中の駅から、地元の高校生らしい坊主頭の男の子たちが乗り込んできた。日本と変わらない田舎の風景と素朴な高校生達の様子に心が和んだ。マルセイユの手前で夕方になった。マルセイユに近いアルルで一泊することにした。アルルは、この地に長期間滞在して多くの作品を残したゴッホの「アルルの風景」で有名である。駅を降りて市街地を目指して歩きはじめた。市街地までは徒歩で10分程度の距離があった。薄暗い道路は誰も歩いていない。前方の市街地の方向から、服装から見てジプシーらしい年配の女性が近づいてきて両手を差し出し何かを喋っている。もちろん言葉は判らないが、身振り素振からお金をくれと言っているんだということが判った。コートのポケットに手を入れて残っていたコインをすべて彼女に渡した。彼女は私の首に抱きついてキスをして、あっけにとられている私を残して駅の方に去って行った。

アルルの町は大きくはなかった。市街地は塀に囲まれており、入口に嘗ての城門らしいものが残っていた。門を入って最初に目に入ったホテルらしい建物に入った。受付があって泊めてもらえることになった。部屋に入るとベッドとシーツがあるだけで他に何もなかった。水も出ないし、バスルームも使った形跡がない。荷物を置いて食事のために外に出た。先程までいたフロントの男性の姿はなかった。私の他に客はいないらしい。まるで幽霊屋敷みたいなホテルである。当時のヨーロッパには、日本のビジネスホテルみたいに手頃な価格で宿泊できるコンパクトなホテルはほとんどなかった。高額なルームチャージが必要な高級ホテルか、設備も衛生状態も良くない安ホテルのどちらしかない。とりあえずローマ時代に作られた夜の円形闘技場を見て、闘技場の近くの小さなレストランで夕食を摂った。翌朝、起きてフロントに降りて行くと誰もいない。ホテル代の支払いに困った。仕方なく20米ドル相当の金額をベッドの枕の下に置いて駅に向かって歩いた。

マルセイユ駅に着いて、港の魚市場を目指して歩いた。マルセイユの魚市場でヨーロッパでは珍しい生ガキを食べた。マルセイユからはリヨン経由でパリに戻った。美食の国フランスを駆け足で半周したことになる。結局、一回目のフランスでは思い出に残るような食べ物には出会わずじまいだった。

パリはその形がカタツムリに似ていることから、エスカルゴと形容されることがある。二回目のパリは１９９８年の夏だった。夕方、パリに着いて翌日は、シャンゼリゼ通り、ルーブル美術館、ノートルダム大聖堂、リュクサンブール宮殿、コンコルド広場、シャンゼリゼ通り、凱旋門を見学。二日目はランジス総合市場やパスツール研究所などを見て午後は自由研修、夕方になってパリのシンボル・エッフェル塔に登った。１８８９年のパリ万博のシンボルとして建造されたエッフェル塔も一世紀という長い歳月を経て老朽化が進んでいた。マンハッタンのエンパイア・ステートビルに登った時もそうだったが、高所恐怖症の私には足元がおぼつかず決して楽しくはなかった。しかし展望台からのパリの眺望は素晴らしかった。

パリに到着して二日目のランチはエスカルゴだった。エスカルゴはもともとブルゴーニュ地方の郷土料理で、古代ローマの時代から食べられていたという。一般的にガーリックを練り込んだバターで味付けされたエスカルゴが前菜として食べられることが多いようである。エスカルゴにも多くの種類があって、どれでも美味しい訳ではなさそうである。いまでは養殖されているリンゴマイマイやアフリカマイマイという種類のエスカルゴが美味だという。子供頃から木の葉っぱに付着しているカタツムリやナメクジを目にしていることもあって、田舎育ちの私にはランチのエスカルゴはあまり食が進まなかった。

日本でフレンチというと銀座などに店を構える高級レストランをイメージするが、最近は代官山や新橋や表参道や神楽坂と言った都心だけでなく、郊外に出店しているリーズナブルな値段で気軽にフレンチを楽しめる日本版ビストロが人気らしい。中にはワインバーや立飲みのビストロまであるらしい。観光でちょっとだけパリに滞在しても、パリの本当の魅力は分かり難い。或いは滞在時間の長短だけではないのかも知れない。世の中にはある年齢に達して初めて判ることが少なくない。古い建物や石畳の道、もし今度パリに行く機会があったら裏通りの古いビストロやカフェを散策してみたい。

フラメンコと小皿料理タパス

―――スペイン・バルセロナ

スペインの首都マドリードにはルクセンブルクから飛行機で移動した。眼下に広がるフランスの大地には、収穫の時期を迎えた麦畑が黄金色に輝いていた。マドリードでは王宮を見学し、夜はサン・ミゲル広場の屋台で夕食を済ませた。翌日、カタルニア地方の中心都市バルセロナに向かった。

マドリードからバルセロナまではスペインの高速列車ＡＶＥで２時間30分の距離である。列車の車窓にはスペインの渇いた大地が広がっていた。列車が丘陵地帯に差し掛かると、優に１００基はあろうかと思われるたくさんの風力発電機が回っていた。これほどの数の風力発電機を見たのは初めてである。

バルセロナに到着して車でホテルに向かった。到着した日の夜は、マドリードでは予約が取れなくて見ることができなかったフラメンコを見に行くことになった。ホテルからフラメンコの会場までは曲がりくねった路地を歩いて移動した。はっきりとは憶えていないが30分近く歩いたような気がする。路地を抜けると、急に視界が開けて広いランブラス通りに出た。大通りはプラタナスの並木道になっており、通りの中央は広場になっていた。さまざまな大道芸人や全身を真っ白にメークをした男性（?）が独特のパフォーマンスで道行く人達を足止めしていた。何がしかの金（チップ）を置いて立ち去る人も少なくなかった。大道芸を見ながら、大通りをフラメンコのホールのある建物の近くまで移動した。フラメンコの開演にはまだ時間に余裕があった。路上のビアガーデンでグラスビールを注文した。ビルの2階にある収容人数50人ぐらいのフラメンコのホールは、既に観光客らしい外国人で埋まっていた。日本人らしい男女も数人いた。上演時間は1時間半ぐらいだったと記憶している。ゲストには飲み物のサービスがある。フラメンコの男女のダンサーが、入れ替わり立ち替わりフラメンコを披露した。若いダンサーよりも、ベテランの女性ダンサーのフラメンコには迫力があって感動した。

フラメンコが終わって、ホテルに向かう途中の路地裏のこぢんまりとしたバルに入った。もう閉店時間が迫っているらしく、暫くして入口のシャッターが閉まった。深夜営業は当局の取り締まりが厳しいらしい。バルのお摘みは、キノコのソテーや焼いたししとう、オリーブやキュウリのピクルスなどカタロニア名物のタパスである。私達のグループで貸し切り状態になったバルで、スペイン・ワインやリキュールを楽しんだ。

翌日は、バルセロナ郊外にある家族経営の製粉工場を見学した。同じ製粉工場でもオランダの製粉工場よりも雑然とした感じである。こういった所にもお国柄が出るのだろうか。ランチには、バルセロナ市内に戻ってイタリアン・レストランでパスタを食べた。

スペインでも、イタリアと同じように5つの製粉工場でデュラム小麦が製粉されている。スペインの製粉工場は南部とピレネオ地方に多い。バルセロナ県には4つの製粉工場が稼働している。1986年にEUに加盟したスペインの小麦生産は、政府による全量買い上げが廃止されたため、生産に余剰が生じ採算割れによって国内生産が衰退し、生産量は最盛期のおよそ半分に激減していた。EUの市場統合は市場の拡大と域内分業というプラスの面と同時に、競争力のない国内産業に大きなダメージを与えるなど難しい課題を内包している。2011年には、隣国のフランスはもとよりイギリス、バルト沿岸諸国、黒海沿岸、その他のEU諸国からも原料小麦を輸入するようになっていた。小麦粉は、主にパンとピザ、冷凍菓子、ビスケット、マフィンなどに使用されている。

バルセロナでは、あのトウモロコシみたいな形をしたガウディのサグラダ・ファミリアやグエル公園、青春時代をバルセロナで過ごしたピカソの美術館などにも足を運んだ。ガウディが心血を注いだサクラダ・ファミリアは、完成を目指して建設工事が続いていた。完成まではまだかなりの時間がかかりそうだと聞いていたが、どうやら最近のニュースではガウディの没後100年目を迎える20

２６年に完成の予定だという。完成したサクラダ・ファミリア教会がどんな姿を現わすのか、世界中が関心を持って注視しているものと思われる。

ピカソ美術館も素晴らしかった。案内役のガイドがピカソには５人の奥さんの他にもたくさんのガールフレンドがいたと教えてくれた。これを聞いたメンバーのひとりが、自分の奥さんの面倒を見るだけでも精一杯なのに、さすがにピカソは凄いですね、と発言して、皆の笑いをさそった。

海に面したバルセロナは美食の町でもある。最後のランチはハーバーの近くのバルセロネータの海鮮料理だった。しかし、スペイン・ワインにはどんなご馳走よりも小皿に盛られたタパスが一番合っているように感じられた。

パスタの国のコメ文化

ローマと北イタリア

ローマでの宿泊先は、オードリ・ヘップバーンの映画「ローマの休日」でも有名なトレビの泉から2、3分の場所にあるDELLE NAZIONIというホテルだった。ローマに来る前日と前々日は、ヴェネツィア郊外のオープンして間もない真新しいビジネス・ホテルに宿泊した。深夜遅くにバルセロナからミュンヘン経由でベネツイアに到着したため、その日は一日休養することになった。日本を発つ前に連絡してあった友人が会いに来てくれることになり、ホテルからタクシーで待ち合わせ場所のバスターミナルに向かった。路地裏の小さなレストランで食事を済ませて、ヴェネツィア名物のゴンドラに乗ることになった。ゴンドラを楽しんだ後、友人とはバスターミナルで別れた。翌日はイタリア最大、ヨーロッパでも2番目に大きな製粉工場を訪問した。

イタリアン（俗称、イタメシ）というと、まず思い浮かぶのはピザとパスタ（スパゲティ、マカロニなど）である。日本でもピザとパスタは人気の高い料理である。さらに、トマトとオリーブオイルとワインはイタリア料理に欠かせない食材である。イタリア人の主食というと、やはり日本でもお馴染みのパスタ（スパゲティなど）である。

イタリア国内には、パスタやピザ、パンなどの原料となる小麦粉を挽く製粉工場が日本の4倍にあたるおよそ400社近くもある。その内訳は、小麦粉を挽いている製粉企業が259社（2010年）、デュラム・セモリナ粉を挽いている工場が133社。しかし2000年代以降になってから、120以上の製粉工場が倒産したり操業を停止している。

パスタ用の原料となるデュラム・セモリナ粉を製粉する製粉工場が全体の3割以上を占めるイタリアの製粉業界は、ヨーロッパの他の製粉業界とは大きく異なっている。その違いとは、他のヨーロッパ諸国の小麦粉の大部分がパン・ケーキ用であるのに対して、イタリアでは小麦粉の半分以上が主にパスタ用に使用されるデュラム・セモリナ粉だという点である。イタリアではパンやケーキの原料となる小麦粉の生産量が300万トンであるのに対して、主にパスタ用に造られるデュラム・セモリナ粉の生産量が400万トンに達し、小麦粉の生産量を大きく上回っている。デュラム・セモリナ粉の特徴は、原料となる小麦と製粉方法の違いにある。

普通の小麦粉の製粉工場は北イタリアに多く、デュラム・セモリナ粉の製粉工場は南イタリアに多く分布している。しかも小麦粉の製粉工場には中小企業が多く、デュラム・セモリナ粉の製粉工場には大企業が多いといった特徴がある。イタリアでは国内で生産される原料小麦と製粉した小麦粉とデュラム・セモリナ粉だけでは国内需要を賄うことができないため、４００万トンもの原料用小麦をカナダ、アメリカ、フランス、スペイン、ギリシャ、黒海沿岸、ロシアなどから調達しているという。同様に、２５０万トンのデュラム小麦が世界のデュラム・セモリナ市場の5割を占めるカナダなどから輸入されている。

イタリアでは、これらの小麦とデュラム小麦の輸入と同時に、パスタなどの小麦粉製品をヨーロッパ各地やアメリカ、アフリカ、アジアなどに輸出している。東京駅八重洲口の食品売り場には、イタリアの食材を販売する政府の直営店まである。

小麦粉とデュラム・セモリナはパスタやピザ、パン、ケーキ・菓子などの原料として使用されている。ヴェネツィア郊外に立地している製粉工場では、小麦粉の製粉状況とヨーロッパやロシア、黒海沿岸からの原料調達について担当者から説明を受けた。工場を見学した後、工場の幹部に車で15分ほどの場所にある瀟洒なレストランに案内された。ランチは本場のパスタである。何となく日本で食べるパスタとは一味違う感じがした。ただ、日本でも時々パスタやスパゲテイを食べているせいか、本場のパスタを食べているという高揚感はなかった。

午後の便でローマに移動した。翌日はイタリア製粉協会の本部を訪問して、イタリアの製粉事情について話を聞いた。製粉協会の幹部とのランチもやはりパスタだった。パスタは私達がごはんを食べるのと同じで、イタリア人の主食がパスタであることを再認識した。ローマでは時間の合間に、コロッセオやサン・ピエトロ大聖堂やスペイン広場をめぐったり、ナヴォーナ広場を散策した。7月のローマは、気温が40度を超える酷暑だった。

さすがにイタリアは食の国である。夜の広場を散策している時に、行きあたりばったりに飛び込んだ道端のレストランであっても、われわれの期待を裏切ることはなかった。

もうひとつ、ローマで強く印象に残ったことがある。それはホテルに帰る途中で目にしたローマ市内の街路樹である。永遠の都ローマの街路樹が、なんとピンクの萬開の花をつけた夾竹桃だったのである。日本でも夏から秋にかけてピンクや赤や白の花をつけた夾竹桃を国道などの道端で目にすることがある。しかしこれまでに訪れた都市の中で、街路樹に夾竹桃が植わっていた街はローマだけである。

そのイタリアで、日本と同じようにコメが生産されていることはあまり知られていない。ヨーロッパの中でイタリアとスペインは古くからコメの生産国として知られており、スペインでは近年コメの消費量が増加傾向にあるという。

イタリアのリゾット、スペインのパエリアは日本でも人気のメニューである。イタリアでコメの栽培（稲作）が始まったのは、12世紀ごろにカトリック教会のシトー修道会の修道士によってフランスから稲作が伝わったと言われている。15世紀の後半から16世紀にかけて、稲の栽培が北イタリアに広がったようである。ところが、17世紀の初めに流行したマラリアの原因が水田にあると誤解されたことから、コメの栽培面積は大きく減少した。現在、イタリアはヨーロッパ最大のコメ生産国であり、年間80万トン程度（EU全体のおよそ6割）のコメが生産されている。パスタが主役のイタリアで、コメはイタリア人の食のバリエーションを広げる役割を担っている。主な産地は北イタリアのポー河とティツィーノ河の流域であり、とくにポー河流域が過半を占めている。この地域の夏の高い気温と湿地の多い立地条件が稲作に適しており、とりわけ、ベルチェリ県で生産される香りのよい高級米は健康志向のヨーロッパの食通に人気で、イギリスやトルコやEU諸国に輸出されているという。

イタリアではコメ料理イコールリゾットと言われるほど、リゾットとして消費されるコメの割合が高く、一部はスープなどにも使われているようである。冬はリゾット、夏は茹でたコメをトマトやチーズやオリーブオイルなどと混ぜたサラダが人気のようである。アジアの主食であるコメがどのような経緯でヨーロッパに伝播し、パスタの国に根付いたのか、コメのたどった道は古代のロマンに通じるテーマのひとつである。

インド

アグラのダージ・マハル

ネッカフェ、ネッカフェ。特急列車のコーヒー売り少年
——インド・ベンガル州

私はインド中部の農村に滞在していた時期がある。デカン高原の北東に位置するその村には水道がなく、停電は日常茶飯事だった。借りていた家の近くの井戸水を汲んで食事を作り、インドの習慣にしたがって、毎朝、バケツに汲んだ水を頭からかぶって水浴びした。そんな生活の中で、数か月に一回、カルカッタ（現在のコルカタ）やボンベイ（現在のムンバイ）などの大都会に行った時に温かいお湯に浸かることと、チャイナタウンで食べる中華料理が最大の楽しみだった。カルカッタまでは、当時、ボンベイとカルカッタ間をおよそ42時間で結んでいた特急列車（Bombey-Hawrah Mail）とローカル線を乗り継いでおよそ20時間、ボンベイまで26時間を要した。夕方、特急列車に飛び乗ると朝の11時過ぎにカルカッタのハウラー駅に到着した。

空が白ばん来て夜が明ける頃、列車は西ベンガル州の水田地帯を走っていた。線路の周りには水田地帯が拡がっており、田んぼの畔には一面ヤシの木が生い茂っていた。途中、インド最大の財閥のひとつタタの製鉄工場があったと記憶している。

朝、途中の駅に停車すると、車窓の外には収穫したばかりの丸い小さなスイカほどの大きさのヤシの実売り（ヤシの頭の部分を鉈で切って中のジュースをストローで飲む）やチャイ（砂糖とミルクをたっぷり使った紅茶）や物売りの叫び声が響き渡って急に騒々しくなる。物売りは列車の中まで乗り込んでくる。物売りは大人と子供、男と女実に様々である。中には、子供連れの女の乞食やカスタネットなどの楽器を演奏したり、歌ったりする目の不自由な障害者もいた。

ある時、5、6歳ぐらいの少年が列車に乗り込んできた。ネッカフェ、ネッカフェ、と叫んで少年が売っているのは、世界最大のコーヒー・メーカーであるネスレ（Nestlé）のインスタントコーヒーのネスカフェである。お湯の入った魔法瓶のような容器と紙コップを抱えた少年が、ネッカフェ、ネッカフェと叫びながら私の席に近づいてきた。紅茶大国インドではチャイ（紅茶）がもっとも一般的な飲み物で、コーヒー売りは珍しかった。当時、コカ・コーラやネスカフェといった欧米の飲料がインドに普及し始めた時期であり、インスタントであってもネスカフェは高級な飲み物だった。

カルカッタと同じ西ベンガル州の北の高地には、高級紅茶の産地として知られるダージリンがある。世界遺産に登録されている路面を走るダージリン名物の小型の蒸気機関車は、もともとは紅茶の運搬用に使用されていたものである。

カルカッタの小さなホテルには、ダージリンで紅茶の農園を経営しているイギリス人の老人が離れの部屋を借りて一人で住んでいた。カルカッタは嘗てインド植民地支配の中心都市として、「東インド会社」の本社が置かれた場所でもある。暑さに弱いイギリス人の避暑地として開発されたダージリンと、さらにその東のバングラデシュの右隣に位置するアッサム州は、イギリス統治時代に紅茶の大規模農園（プランテーション）が開発された地域である。その後、南インドのケララ州ムンナールにも、ダージリンティー、アッサムティーに次ぐ紅茶の大産地が開発されているが、ケララ州のニルギル紅茶を知る日本人は極めて少ない。

スリランカ（旧セイロン）とインドで生産された紅茶は、イギリス人によってヨーロッパはもとより世界中に輸出されていた。イギリスによるアメリカへの紅茶輸出の専売権に反発して起きたボストン茶会事件が切っ掛けで、アメリカンコーヒーが誕生したのは有名な話である。インドの紅茶プランテーションは、イギリス統治時代の産業遺産として今もその面影をとどめている。

やや小さめの紙コップに注がれたネッカフェがいくらだったか忘れてしまったが、当時の金額で、10パイサ（2・5円）か、25パイサ（5円）ぐらいだったのかも知れない。当時の農村の労働者の賃金が1日1ルピ（20円）1から2ルピー（40円）ぐらいだったことを考えると決して安くない値段である。

少年と目が合った。少年は私にこのコーヒーを飲んでみろ、絶対旨いからと自信に満ちた態度で言った。少年の迫力に圧倒された私は、ネッカフェを買うことにした。確かに旨い。ちょっと甘くて絶妙の味がした。アッチャー、ボホットアッチャー（美味しい、凄く美味しい）と言うと少年ははにかんだ様子で通路を通り過ぎて行った。

インドでは、こうした物売りの少年少女や路上や公園に屯して靴磨きをしたり、農村で牛やヤギなどの家畜の世話をする子供たちを目にすることが多い。貧困ゆえに学校にもいけない子供たちである。インドに居ると、生きることの厳しさと、どんな過酷な環境であっても生きる人間の宿命。カースト制度によって、生まれ落ちた時から死ぬまで一生同じ職業で生き続けなければならない人間の運命と、こうした環境の中で生きなければならない人間の儚さを感じずにはいられない。

兼好法師は徒然草の中で、人間、食べ物、着る物、居る所（住む場所）と薬（医療）の4つがあれば十分で、これ以上求めるのは奢りだと言っているが、日本人の中には、極限状態で簡素に生きるインド人の生き方は単なる貧しさだけでは計れない、貧困とは別物であると捉える人達もいる。たしかに、インドには競争社会に生きるわれわれとは違った生き方やゆったりとした時間が流れていることも事実である。

アラビア海のお刺身

——インド・ムンバイ

広瀬さんと出会ったのは、インド門（Gate of India）から通りを二つ隔てた場所にある余り大きくはないが西洋式の小ぎれいなホテルだった。あれから随分と時間が経ったのでいまも営業しているかどうか？　最初にボンベイに行った時に、世界一の石造建造物とも云われる有名なタージマハル・ホテルの裏道りを歩きながら見つけたのがこのホテルである。近くには、インド門やエレファンタ島への船着き場がある。

広瀬さんは内陸のインドールの近くでタイヤ工場を経営されており、大阪とインドの間を行き来されていた。ホテルのロビーで広瀬さんに声を掛けられたのが最初の出会いである。その後、広瀬さんとはボンベイに行くたびに三回ほど会った。当時、ボランティア活動でインドに滞在していたため、時間のある時にインド各地を旅行していた。南インドに行ったり、プーナやゴアなどに行く時にボンベイを経由して目的地に向かった。

大阪出身の広瀬さんは非常に気さくな方で、中華料理店に連れて行って下さったり、美味しい紅茶の選び方や紅茶の店を紹介して下さった。広瀬さんとの忘れられない思い出がある。ある時、広瀬さんがインドで日本食を食べたことがありますかと聞かれた。当時のインドには、日本料理のレストランは皆無に近く、数カ月に一回チャイナタウンで食べる中華料理が一番のご馳走だった。ありませんと答えると、それなら明日の朝早く起きて、ボンベイの魚市場に行って、刺身になりそうな魚を調達して「さしみ」を食べましょうとおっしゃった。

翌朝6時に起きてタクシーを拾って魚市場に向かった。海に面したボンベイの魚市場には、コンクリートで舗装された平場にアラビア海で獲れた大小の魚介類が並べられていた。広瀬さんはこれらの魚の中から鮮度のよさそうな青味魚を3尾ほど選ばれた。マグロやカツオのような高級魚ではなく、サバとか、はまちか、むつのような形をした近海魚、地の魚だった。

車を拾って、貿易商を営んでいるという知り合いのインド人のお宅に向かった。出迎えて下さったのは日本人の奥さんである。案内された部屋は、壁やソファーがすべて赤で統一されたとてもおしゃれなリビング・ルームだった。インドの農村の住まいしか見たことのなかった私には、まるで別世界のように思えた。室内には大型のステレオ（オーディオ）やピアノが置かれてあった。インドにもこんなに近代的な住まいがあることを知って正直驚いた。当時のインドには珍しい、いかにも大都会ムンバイの裕福なビジネスマンの住まいといった感じだった。暫くして、貿易会社を経営するご主人が入ってこられた。貿易の仕事で日本に滞在されたこともあるご主人は、多少日本語も話された。そうこうしている間に、奥さんが台所で市場で調達してきたアラビア海の魚を刺身にして運んでこられた。当時のインドにはワサビなどなかったが、チャイナ・タウンに行けば醤油と麺類が手に入った。刺身をハシで摘んで醤油に浸して口に運んだ。アラビア海で獲れた魚の刺身は、日本の刺身とは一味違った異国の味がした。数切れの刺身と食事を御馳走になった頃に、インド空軍のパイロットだという息子さんが帰宅され挨拶に来られた。

広瀬さんとの出会いが、当時のインドでは想像すらできなかったアラビア海で獲れた「さしみ」を口にするという信じられない機会を与えてくれた。

南インドのコメの脱穀方法

――インド・アンドラプラデシュ州

インド南部のアンドラプラデシュ州を車で走った時のことである。

季節は秋、国道5号線の両側に広がる水田には黄金色に実った稲が収穫の時期を迎えていた。車の前方の国道には収穫したばかりの稲穂が道路いっぱいに敷き詰められていた。何事かと思って車を止めてみると、農民たちが刈り取った稲を道路に並べて国道を通過する自動車に踏ませて脱穀しているところだった。初めて目にする南インドの米の脱穀方法に唖然とした。

これまでインドでは刈り取った稲は、村の脱穀場に運ばれて円形に敷き詰められた稲穂を水牛に引かせた大きな木の丸太で押しつぶして脱穀されるものと思っていた。ところが、マドラス（現在のチェンナイ）に向かうアンドラプラデシュ州の水田地帯では、農民たちが刈り取った水稲を国道に並べて通過する車のタイヤに踏ませて脱穀していたのである。いかにもインドらしい米の脱穀風景を目の当たりにして、広い世界にはこんな風変りな米の脱穀方法があることを知った。

さらにマドラス方面に向かって国道を南下すると、丁度昼食の時間になった。通りかかった小さな町の道路脇の食堂に入ることにした。中に入って見ると、既に数名の客が食事をしていた。店内にはテーブルや椅子は見当たらない。食事の場所は、コンクリートで塗られた土間である。この土間に胡坐をかいて食事するのである。暫くして、アルミのコップに入った水（パニー）と両端を切り取った四角い形の青いバナナの葉っぱが目の前に運ばれてきた。

南インドの大衆食堂では、テーブルと食器代わりにバナナの葉っぱが使われることが多い。次に、白いご飯とダルー（黄色い豆を煮たものでご飯にかけて食べる）、香辛料で味付けしたジャガイモやオクラなどの野菜の煮物と魚のカレー、ダヒと呼ばれるヨーグルトが運ばれてきた。ごはんとおかずはお代わりできる。バナナの葉っぱに盛り付けされた白いごはんと、ダルー豆、カレー、香辛料で味付けされたおかずを手で塗して口に運ぶのである。美味しい、インドでは珍しい魚のカレーを初めて食べた。魚のカレーは日本でも食べたことがない。日本には魚のカレーを提供するレストランがあるのだろうか。ひょっとしたら魚のカレーは日本でも流行るかもしれないなどと考えながら食事を終えた。

アンドラプラデシュ州からマディアプラデシュ州に帰るには、切り立ったデカン高原の山道を越えなければならない。雨季には、デカン高原と南インドを分断している切り立った高い崖は、降り注ぐ雨で滝のように水が流れおちる。雨季にしか見ることのできないその巨大な滝にも似た絶景は、あのナイアガラの滝を連想させるほど壮観である。

デカン高原に向かって、日本（栃木）の日光のいろは坂みたいなくねくねと曲がりくねった道路を車で登っていくと、九州ほどの広さが熱帯雨林に蔽われたジャングルが現れる。ジャングルに近づくと、上半身裸で腰巻きだけを身に付けて肩には斧を担いだ原住民（tribe）の男達と出会うことが多くなった。山道を歩く彼らの足は驚くほど早い。嘗てこの原住民が暮らすダンダカラニアの一帯は、インド政府によって外国人の出入りが厳しく制限されており、外国人が立ち入ることはできなかった。昭和46年頃、印パ戦争によって東パキスタン（現在のバングラデシュ）で難民となった仏教徒をバスター地区のバカンジョールに受け入れて稲作などを指導する日本政府による農業プロジェクトがスタートし、私も農業プロジェクトの現場を訪ねたことがある。聞いたところによれば、原住民はジャングルの中に住居を作って家族で暮らしており、主に狩猟によって生計を立てているという。

インド各地には、こうした少数民族が暮らす地域や、ハリジャン（ガンジーが神の子と呼んだカースト制度からも除外された不可触民、英語ではアンタッチャブル）と呼ばれる最下層の人達が暮らす村が残っている。

私も一度だけハリジャンの村に行ったことがある。遠方から来た私をもてなすために、村の長老がチャイ（インド式紅茶）を入れてくれた。しかし、この村にはチャイに入れる砂糖などないから、近くの畑から切り取ってきた砂糖キビを絞って紅茶にいれてくれた。精一杯のおもてなしである。しかし同行した案内役のインド人はチャイに口をつけなかった。どうして折角入れてくれたチャイを飲まなかったのかと尋ねると、不可触民のチャイを飲むと身が汚れると答えた。これもインドで経験した貴重な思い出である。

インド農村の家庭料理

インド・マディヤプラデシュ州

ヒンドゥー教徒が人口のおよそ8割を占めるインドには、ヴェジタリアン（菜食主義者）が多い。私がお世話になったグプタ家とブシャンラール家も敬虔なヒンドゥー教徒だった。グプタ家でもブシャンラール家でも、水牛のミルクを除いて肉類、卵、魚といった動物性の食料は一切口にしなかった。肉類を食べないからと言って単調な食事を摂っているかというとそうではない。主食には、主に私たち日本人が食べている丸っこい形をしたジャポニカ米ではなく、細長くて粘り気のないインディカ米を食べている。米には大きく分けて日本と中国の一部、アメリカのカリフォルニア州などで栽培されているジャポニカ米とインディカ米の2種類がある。世界で栽培されている米の大部分はインディカ米である。インディカ米はジャポニカ米のような粘っこさがないため、カレーやピラフやチャーハンなどに合っている。

インドと言えばカレー、インドでは毎日カレーだけの単調な食事を摂っていると思われがちであるが、そうではない。一口にインド料理と言ってもその内容は多彩である。

北インドか南インドかの地理的な違い、信仰する宗教が、ヒンドゥー教か、ジャイナ教か、イスラム教か、シーク教か、ゾロアスター教か、仏教か、キリスト教かの違いによって食文化も同じではない。さらにインドにはカースト制度という厄介な身分制度がある。

グプタ家のあるアランは、チャティスガル州の州都ライプールからバスか乗合い自動車で約1時間、この小さな町には鉄道の駅とバス停がある。町の商店街の中心にはバザールと呼ばれる露店の市場があり、野菜や果物、米、豆類、香辛料などの食料品が売られている。バザールを通り抜けた路地の奥にグプタ家の住居がある。グプタ家は200エーカーほどの農地の他に、衣料品店やアパートなどを経営する裕福な家庭である。祖父母、グプタ夫妻、子供3人と従兄弟など総勢10人が同居するインドの一般的な大家族である。

グプタ家のアパートに住んでいた時、時々、グプタ家の食事をご馳走になった。グプタ家の食事は、ライス、チャパティがメインディッシュで、時々、ナンが出る時もあった。ライスにはダール豆を煮たものか、ギーと呼ばれる牛乳から作った透明なオイルを掛けることもある。それに天ぷらや野菜を煮込んだ副菜が加わる。

一方、ブシャンラール家の住まいは、アランからさらに1時間ほど南下した大河マハナディ河に近いマハッサムンドからさらにバスを乗り継いで約2時間、オリッサ州方面に向かって南下した周囲をジャングルに囲まれた小さな村にあった。

ブシャンラール家も300エーカーの農地を所有する中型の地主である。当主のブシャンラール氏は、大学出のインテリで非常に博識で勉強熱心な人だった。いつだったか、マハッサムンドのバス停で声を掛けられたのが縁で、この辺鄙な村に延べ2ヶ月近く滞在することになった。ブシャンラール家の本宅の道路の反対側にある小さな家の一室が、この村での私の住まいだった。

食事はブシャンラール家の奥さんが運んで下さった。毎日の食事は概ねライス、チャパティとカレー、野菜を煮込んだおかず、天ぷらといったインドの家庭の定番料理だった。その中で、強く私の印象に焼き付いているのが、奥さん手づくりのマンゴー・ピクルス（熟す前の青いマンゴーを切って香辛料で漬け込んだ漬物）である。あのマンゴー・ピクルスの味は忘れられない。もう二度とあのマンゴー・ピクルスを食べることはないが、まさに絶品だった。

もちろん、インドの食料品店やスーパーなどでは瓶詰されたマンゴー・ピクルスが販売されている。しかし、市販されているマンゴー・ピクルスは辛くて美味しくなかった。これに対して、ブシャンラール家の奥さんの作るマンゴー・ピクルスは、その香辛料の使い方が絶妙であり、何とも言えず美味しいのである。一度食べたらやみつきになる味とでも表現したらいいのか、とにかく一度口にしたら忘れられない味、それがブシャンラール家のマンゴー・ピクルスである。インドの家庭料理は辛くない。裕福な家庭ほど香辛料を上手に使った家庭の味、おふくろの味がある。

ベジタリアンの国のマクドナルド

――インド・ニューデリー

10年ぶりのインドである。インドでは、映画の都ムンバイ（旧ボンベイ）と首都ニューデリーとデリー郊外の新興都市グルガオンの3つの都市を訪問した。

ボリウッド（インド版ハリウッド、旧称ボンベイの頭文字とハリウッドを合わせたもの）の俗称で知られるインド最大の商業都市ムンバイは、制作本数で世界一を誇るインド映画産業の中心地である。宿泊したのは空港に近いホテルだった。翌日、ホテルから高速道路でムンバイの中心部に向かった。久しぶりのムンバイの旧市街はさながら博物館みたいだった。

植民地時代に英国王ジョージV世のインド訪問のために建造されたインド門（Gate of India）と、その目の前にある世界一の石造建造物と言われる「タージ・マハル・ホテル」は、以前と変わらない壮麗な姿をとどめていた。嘗て、インドを訪問した作家の三島由紀夫は、このタージマハル・ホテルの2階のレストランで食事を摂っていた時に、窓の下から半裸の子供を片手に抱いた半裸の少年が三島に向かって片手を差し上げて、施しを求めていつまでも動かない姿に接して、こうしたことは、われわれの食事にどんな調味料も及ばぬある特殊な「意味付け」の香料をもたらすことになる、と述べている（インド通信）。

食事は、私達人間にとって最も大切な営みのひとつである。お金に何不自由ない世界のビリオナー達が、もっとも大事だと考えているのが健康である。その大切な健康を維持するために、自ら農園を所有し、自分の手で健康的な食材を育てているビリオナーも少なくない。

博物館さながらの旧市街とうって変わってムンバイの郊外には、規模の異なる近代的なスーパー・マーケットやショッピング・モールが出店していた。スーパー・マーケットの経営者には、イギリスなどのビジネス・スクールに留学経験のある30代から40代の若いインド人が多く、インド各地に30店舗以上を展開しているチェーン・スーパーもあるという。店内には野菜、果物などの生鮮食品、菓子、飲料などの加工食品、コリアンダー、シナモン、グローブ、ナツメグ、ブラック・ペッパー、ターメリックや、クミンといった香辛料、ヤシ油、大豆油、ナタネ油、オリーブ油などの食用油、そして点心類など様々な冷凍食品が販売されていた。余りにも大きく変わったインドの食品流通と食材の豊富さに正直驚いた。

次に向かったのは、インドの首都ニューデリーである。ムガール帝国の首都だったデリーは、デリー城（ラール・キラー）のある旧市街のオールド・デリーと植民地時代に英国が建設した新市街のニュー・デリーに分かれている。緑が多くてだだっ広いニューデリーの街は、その中心に位置するコンノート・プレイスから八本の幹線道路が放射線状に延びている。円形に二重に設計されたコンノート・サーカスは、内側がA~F、外側がG~Nのブロックに分けられており、円形の中心部には噴水のある芝生の公園があり、観光客をお得意様にしている靴磨きの少年たちがたむろしている。運が良ければ赤ちゃんを抱いた女性の乞食に出合うこともある。コンノート・プレイスにはホテル、レストラン、航空会社、映画館、書店、高級ショップ、銀行、物産店など必要なものがほとんど揃っている。

ニューデリーでは、コンノート・プレイスの一角にある日系の航空会社が経営する系列のホテルに宿泊した。ホテルの2階には日本食レストランが営業していた。しかしその後、このホテルはインド系ホテルに経営が移ったようでホテルの名称も以前とは違う名称に変わってしまった。ニューデリーでは、日本人向けに日本食品を販売している規模の小さい食料品店やバザールなどを見学した。夜は、インドに進出している日系の総合商社の現地法人の社長さんに、最近開店したという居酒屋に連れて行っていただいた。

翌日は、ニューデリー郊外の新興都市グルガオン（GURGAON）に向かった。グルガオンは、ニューデリーから車で40~50分程度の距離にある。ニューデリーのベッドタウンとして発展したグルガオンには、インドで最大の市場シェアを持つスズキ自動車など日系企業が進出している工業団地がある。グルガオンに着くと、これが同じインドかと目を疑うような近代的なマンションやオフィス・ビルが立ち並んでいた。マンションの一角にはこれも目を見張るような近代的なショッピング・モールが併設されており、店内はエスカレーターで移動することができる。

ショッピング・モールに入って、私が一番驚いたのが、生鮮食品のコーナーで販売されていたカット野菜である。ちょっと大袈裟だと思われるかも知れないが、昔からインドの食料事情をよく知っている私にとって、ビニール袋できれいに包装されたカット野菜は衝撃的だった。インドでカット野菜が販売されていること自体が、一昔、二昔前には想像すらできないことだった。さらに、ヤシ（パーム）油、菜種油、大豆油、オリーブ・オイルなど多種多様な食用油が販売されているのにも驚かされた。インド料理は植物オイルをたくさん使う。一昔前のインドでは、一般庶民が使用する植物油は大きな缶に入ったヤシ（パーム）油だけだった。実際、ヤシ（パーム）油しか手に入らなかった。グルガオンに来て、豊かになったインドの食卓が大きく変化しているのを目の当たりにした。その数年後に、インド中部の農村に行った時には、嘗てはまったく食べられていなかったインスタント・ラーメンが消費されるようになっていることを知って驚いた。

そして今回のインド訪問で一番驚いたのが、ニューデリーの中心部に出店していたマクドナルドである。人口13億人のインドのおよそ8割はヒンドウ教徒である。彼らは肉や卵などの動物性蛋白質を口にしない。いわゆる菜食主義者（ベジタリアン）である。とくに牛はヒンドウ教徒にとって神聖な動物であり、それを口にすることはとんでもないことである。カレーやタンドリー・チキンなど、インド料理に使われている食肉はチキン（鶏肉）やマトン（ヤギ肉）が多い。外国人が宿泊するホテルのメニューや、不可触民（ダリット）などを除いて、インドで牛肉を食べる人は極めて稀である。

一方、世界中の主だった都市に出店しているマクドナルドのメイン・メニューのハンバーガーの原料は牛肉である。そのハンバーガーを販売するマクドナルドが、ニューデリーの街角に出店していたのである。インドでハンバーガーが売れるのか、当然、インドの首都ニューデリーには外国人も多い。一体どんな人達がハンバーガーを食べるのだろうか、マクドナルドの店内に入ってみた。なんとそこで販売されていたのは、ジャガイモをミンチにしてフライにしたポテト・ハンバーガーだったのである。

さすがのマクドナルドもインドでは牛肉で作ったハンバーガーを販売することはできなかったようである。しかし嘗ての日本がそうであったように、何10年後かのインドでも私達が食べているハンバーガーと同じ牛肉で作ったハンバーガーを食べる日が来るのだろうか。

最近、ハンバーガー発祥の国アメリカでは大豆を原料にした大豆ミート（大豆を潰して作った植物性の肉）が人気を集めており、既に1兆円の巨大市場に成長しているという。また、中国、英国、インド、ドイツ、韓国などでも大豆ミートの市場が急性長しているという。最近、日本でも外食企業のモスバーガーやカフェのチェーン店が大豆を原料にしたソイ・ミートのハンバーガーを発売したり、大手スーパー・チェーンのイトーヨーカドーも大豆ミートを販売するなど大豆ミート市場が広がりを見せている。

ハンバーガー用の牛肉を生産するには、大豆や穀物を直接消費するのに比べて8倍から10倍程度の量の穀物が必要となる。地球人口は今世紀末に90億人に達し、いずれ100億人を越えることが確実視されている。いままでのペースで人類が肉食を続けていくと近い将来肉食はおろか、通常の食事すら満足に摂れない時代がやってくる可能性が高いのである。

ひょっとすると、ニューデリーのマクドナルドで見たポテト・バーガーや大豆から作られるソイ・バーガーや大豆や小麦やエンドウ豆などから作られるフェイクミートは、人類の救世主になるのかも知れない。嘗てヨーロッパがペストの流行によって危機に陥った時に、南米アンデス産のじゃがいもが欧州の食糧危機を救ったように。

東南アジア

バリ島・ウダヤナ大学正門前

世界の台所を目指すヤンゴンの米倉 ――― ミャンマー・ヤンゴン

ヤンゴンに着いて最初に案内されたのが日本人墓地である。ミャンマーを訪問した日本人は、必ずこの日本人墓地にお参りすることになっているらしい。

ミャンマーに長く滞在していた知人の紹介で、案内役をお願いしたミャンマー人の男性に連れて行かれたのが日本人墓地である。１９９９年に建立された日本人墓地には、第二次世界大戦で亡くなった20万人近い日本人の御霊が祀られている。映画「ビルマの竪琴」のモデルで、戦後もミャンマーに留まって生涯を過ごした水島上等兵（本名、中村一雄氏）の記念碑もある。かなりの広さの墓地は、元兵士の出身地（県）ごとに区割りされており、亡くなった方の墓標が立っている。正面に白いアーチ状の祭壇があり、墓地の守役に心付けを渡すと記帳用ノートへの記入とお線香をいただくことができる。

お参りを済ませて次に向かったのは、ヤンゴン市内から車で1時間ほど走った場所にある米の農場である。面積は1000エーカーほどあるらしい。経営者の男性は元軍人で、退役と同時に農地を購入して米の農場を始めたという。経営面積が広いため、田植えを行っているのは管理事務所兼倉庫の周りの100エーカーだけで、残りの大部分の水田はアメリカやイタリアなどで行われている種籾を直接田んぼに播種する直播（Direct Sowing）栽培だという。

農場には日本製の大型トラクター4台、収穫用のコンバイン2台、その他の大型の農機具が置かれてあった。これらの大型農機具の取り扱いは台湾出身だという男性が担当していた。事務所の周りの農場を案内してもらったが、近くの試験田には20種類ほどの外国産の米の品種が試験栽培されていた。すべてインデイカ米であり、ジャポニカ種と日本の品種はなかった。海外の米の品種の試験栽培には、政府の試験研究機関に勤務している職員に協力してもらっているという。事務所の周りの水田は灌漑設備が整っているが、他の田んぼは灌漑設備が整っていないという。

収穫した米の大部分は、国境を接する雲南省経由で中国の業者に販売しているという。このため、米は中国人が好む品種を栽培しているという。丁度、その日は農場で働く従業員の給料日だったらしく、向い側のテーブルの上には銀行員らしい3人の男性がトランクから取り出した札束を数えていた。別れ際に農場の経営者が、機会があったら日本の米の品種も入手したいと言っていた。

翌日、バゴーの米作地帯を見て、その翌日にはヤンゴン郊外にある米の貯蔵施設を見学した。国道から少し入った広い敷地内には、いくつにも仕切られた米の貯蔵・保管施設があり、米を運び出すトラックが引っ切り無しに出入りしていた。精米されて倉庫に積み上げられた膨大な量の米は、ヤンゴン川に面した船着き場の近くにある米の取引所に運ばれた後、小型船に船積みされてヤンゴンの港で大型船に積み替えられて遠くアフリカなどに輸出されるという。

午後は、ミャンマーの米連合会（Myanmar Rice Federation：MRF）を訪問した。米はミャンマーにとって最大の輸出商品である。したがって、この米の連合会は日本で言うなら大手町の「経団連」にも匹敵する経済団体だといえよう。米の連合会では、５名の幹部の方々が対応して下さった。この５名の中には、筑波の研究機関に滞在された方もいらっしゃった。今後のミャンマーの米経済の展望についてお話を伺った。ミャンマーは、今後5年間に米の輸出量を３００万トン増やす計画だという。ミャンマーの米の生産量は世界8位、生産額は世界7位である。米の生産量は、隣国のタイやベトナムの後塵を拝しているが、嘗てミャンマーは世界有数の米の輸出国だった時代がある。再び米の輸出によって世界の米櫃、世界の台所に復帰する日がくるのだろうか。

そう言えば、お隣のカンボジアでも２０１０年に「米１００万トン輸出計画」を策定し、コメ不足に悩むフィリピンやインドネシアなどに対して米の輸出を始めている。

人口５０００万人のミャンマーの国土面積は日本のおよそ１・８倍。北は中国に、東はラオス、タイに、西はインドに接しており、国の中央部をエーヤワディ川が縦断している。広大な沖積平野を形成するパテインを中心に、南部の平地では稲作を中心とした農業が盛んであり、日本のおよそ2・5倍に相当する2500万トンの米が生産されている。

現在、世界全体の米の生産量はおよそ5億トン、因みに世界で一番お米を食べている国はバングラデシュの一人一日473グラムを筆頭に、ラオス445グラム、カンボジア436グラム、ベトナム398グラム、インドネシア364グラム、ミャンマー345グラム、フィリピン325グラム、タイ306グラム、スリランカ295グラム、マダガスカル283グラム、以下、韓国、中国、北朝鮮、台湾の順になっており、バングラデシュの3分の1の119グラムの米しか食べなくなった日本は50位になっている。

食文化の洋風化や人口減少によって米離れに歯止めがかからない日本に対して、国連の推計では、世界人口が92億人に達する2050年には42億人が食料不足に陥ると言われている。

地球温暖化による旱魃や洪水などによって世界のパン籠であるアメリカやオーストラリアなどの食料生産が大きなダメージを受ける中で、米は安定した生産を維持し続けている。地球規模の気候変動は、食料資源としての米の重要性を見直す切っ掛けになるかも知れない。

ヤンゴンの米倉を見て、私達の生活の基盤である食料の将来が気がかりになった。ひるがえって、高齢化や人口減少によって陰りが見える日本の食料生産は、今後どうなってゆくのだろうか・・・。

プノンペンのフランスパン
——カンボジア・プノンペン

カンボジアと言えば世界遺産のアンコールワットが有名である。9世紀から12世紀にかけてインドシナ半島を支配したクメール王朝が建造した東南アジア最大の仏教遺跡アンコールワットは、日本人にも人気の観光スポットになっている。

最初にカンボジアに行ったのは２００５年の5月だった。当時のカンボジアはポルポト派との内戦が終結し、新たな国づくりが始まった時期である。内戦終結とその後の政治の安定には、日本も大きな役割を果たした。丁度その頃、カンボジア沖のシャム湾で石油で発見されたことから、その石油の資金をもとに新たな産業を興して経済を復興させようという話が持ち上がっていた。

カンボジアの国土の大部分は、メコン川によって形成された大三角州である。このため、雨季になるとトンレサップ湖からプノンペンにかけて一面水浸しになる。カンボジアはもともと稲作を中心とした農業国である。フランス統治時代にはジャングルを切り開いて、クメール・ルージュと呼ばれる赤土に適したゴム農園（プランテーション）が開発され、ミシュラン・ガイドで有名なフランスのミシュランが世界一のタイヤ・メーカーになった背景には、カンボジア産の天然ゴムの存在があったと言われている。さらに、シャム湾に近いカンポットは世界最高品質の胡椒の産地として知られており、フランス時代にはカンポットで生産された胡椒が、フランスはもとよりヨーロッパ各地に輸出されていたという。内戦で疲弊したカンポットの胡椒栽培は、その後フランスとＥＵの資金援助で復興しつつある。また、カンボジアはマンゴウやドリアン、バナナなどの熱帯産果実も豊富であり、サトウキビやトウモロコシ、大豆などの生産も盛んである。

そのカンボジアで新たな産業として注目されたのが、国内で豊富に生産される農水産物を加工する食品工業である。すでに隣国のタイとベトナムでは機械産業などの工業開発が進んでおり、いまから隣国と同じ産業を育成しても追い付けないという考え方があったようで、食品工業がカンボジアに最も相応しい産業という結論に至ったようである。

私も食品工業開発のロードマップ作成のお手伝いをすることになり、カンボジア国内のどの地域でどんな農産物が栽培されているのか、シハヌークビルの海岸やトンレサップ湖ではどんな魚介類、水産資源が採れるのか、カンボジア国内を回って調査することになった。

内戦終結後間もないカンボジアは経済的に疲弊していた。当時の国家予算は日本円で500億円程度に過ぎず、家族5人が1日1ドルで生活しなければならない厳しい状況にあった。プノンペンからベトナム国境地帯、タイ国境に近いバッタンバン、シャム湾に面したシハヌークヴィル等への移動には運転手付きのジープと、通訳を兼ねた日本企業の現地社員が同行した。地方の町や農村地帯は衛生状態が良くないため、プノンペンのホテルで焼いてもらったパンを大きなビニール袋に入れて車に積み込んで、昼食の時間になると木陰のある道端に車を止めてビニール袋のパンと飲み物で食事を済ませた。

米が主食のカンボジアでなぜパン食なのか、疑問に感じる方が多いのではないだろうか。ご存知の方も多く、釈迦に説法と思われるが、カンボジアは18世紀以降、ベトナム、ラオスとともにフランスの植民地だった時代がある。このため、フランス統治時代の遺産であるパンの製造技術が継承されており、美味しいパンを食べることができるのである。

あの細長いフランスパンのバゲットが、プノンペンの屋台で売られていたのにはびっくりした。地方から仕事や観光などでプノンペンに上京した人たちが、バイク（オートバイ）に乗ったまま屋台に立ち寄って細長いバゲットを買って走り去る風景をよく目にした。当時の地方都市や農村にはパンの工房やパン屋がなかったので、プノンペンに来た時にお土産に買って帰るんだという話を聞いた。

朝7時過ぎにプノンペンのホテルを出て、国境の町に到着するまでに丸1日かかることもあった。

国境の町には電気がなく、宿泊したバンガローでは朝1時間、夜2時間だけ自家発電の電気が点いた。電気が点いている時間だけお湯が使えるので、急いでシャワーをしなければならなかった。

夜、電気が消えてベッドで眠っていると夜中にもの凄い物音がした。てっきり泥棒かなにかがドアをこじ開けているのではないかと飛び起きると、天井に住みついている夜行性のヤモリ（家守、爬虫類の一種）が騒いでいることが判った。東南アジアの安ホテルに泊まると、部屋の壁に張り付いているヤモリを目にすることが多い。人間には害がなく、昆虫やクモなどを食べるため、アジアでは有益な動物とされているが、ヤモリに慣れていない日本人にとっては決して気持の良いものではない。

調査を終えてプノンペンに帰る時も、来る時と同じようにマーケットのパン屋さんに焼いてもらったパンを車に積み込んで昼時になると道端に車を止めて飲み物と一緒に食べた。

昼食の時に、カンボジアの街にも田舎にも空き缶やペットボトルが落ちていないので、その理由を聞いてみた。運転手と通訳の現地社員から意外な答えが返ってきた。カンボジア人がきれい好きというよりも、拾い集められた空き缶やペットボトルはお金に換えて、そのお金で米を買うというのが答えだった。家族5人が1日1ドル程度で生活していた当時、空き缶やペットボトルは貴重な収入源だったのである。

あれから20年近くが経った。首都プノンペンも地方の農村地帯も大きく変わった。最初にカンボジアに行った２００５年には、農村の子供たちは男の子も女の子もみな裸足で小学校や中学校に通っていた。10年後に行った時には子供たちが靴を履いて通学していた。自転車で通学する中学生に遭遇することもあった。10年間にカンボジアは大きく変わった。それから数年して再びプノンペンに行く機会があった。空港から乗ったタクシーの運転手が、everything change と語った言葉がとても印象的だった。

キャッサバ・タピオカ・胡椒

――カンボジア・バッタンバン州、カンポート州

　2005年当時、カンボジアの首都プノンペンには14～15店ほどの日本食レストランが営業していた。聞くところによると、このうちの半数が日本人の経営で、残りの7、8店は中国人と韓国人の経営だという。宿泊先のホテル・カンボジアーノの近くには、〝おりがみ〟という東京の赤坂あたりにありそうな高級感の漂った老舗の日本食レストランと「神戸牛」の焼肉レストランが軒を並べていた。〝おりがみ〟にはランチで1回、食材の取材に一回行ったことがある。このレストランで使用する食材の大部分は、浅草橋の食材卸から仕入れているという。

　最も多く足を運んだのが、王宮とオルセーマーケットの間ぐらいにある「すずめ」という日本食レストランである。近くには「比魔人」という日本食レストランも営業していた。焼き魚定食や日本そ

ば、生姜焼き定食、すし定食、焼きそばなど日本とほとんど同じメニューが並んでいた。値段もほぼ日本と同じだったと記憶している。2010年に、カンポット州の胡椒産地の調査を終えた翌日、久しぶりに「すずめ」に行った。そば定食を食べていると、近くのテーブルに日本人らしい中年の男性が座っていた。テーブルの上には、瓶に入ったアルコール飲料らしい瓶が2本置かれていた。食事を済ませてテーブルに近づいた。これは何ですかと聞くと、これはキャッサバ芋から作った焼酎ですと男性が答えた。この日本人男性はNPO団体のスタッフで、内戦でカンボジア各地に残っている地雷の撤去作業をしているという。彼らはタイの国境地帯に近い農村で地雷を撤去し、撤去した農地に村人達の生活を支援するため、キャッサバを栽培し収穫したキャッサバからこの蒸留酒を造ったという。

少し試飲させてもらったが、なかなかに素晴らしい出来と思われた。このキャッサバ焼酎をどれ位の値段で販売したらいいか、それを聞くためにプノンペンまで来たという。すずめの主人は○○ぐらいが適当でしょうと答えていた。日本のマスコミでも報道される機会が多くなっているが、カンボジア国内には、地雷の撤去や医療や教育など様々な分野で活動している日本人が少なくない。

その後、回転寿司や居酒屋といった新しいタイプの飲食店が開店し、その数も大きく増加している。2015年には、総合スーパーのイオンが、独立記念塔と日本大使館に比較的近いソテアロス通りに大規模なショッピング・モールを開店した。イオン・モールの開店は、プノンペン市民の消費生活に大きな変化をもたらした。日本食レストランの顧客層も以前とは大きく変化した。15年前のカンボジ

ア は経済的に困窮し、3度の食事を摂ることさえままならない人達が多かった。ところが、現在、日本食レストランを利用する顧客の大部分はカンボジア人である。とくに若者層が多い。大きな変化である。

最近は下火になりつつあるようだが、近年、日本ではタピオカブームが起きており、若者を中心にタピオカ商品が爆発的に売れている。昨年の流行語大賞に「タピル」がノミネートされたことからもその人気のほどが窺がえる。なぜタピオカがこれほど人気なのかはよく判らない。

実は、このタピオカの原料は、先ほどキャッサバ焼酎で触れたキャッサバ芋なのである。南米原産のキャッサバ芋は主に熱帯地方で栽培されており、茎を土に刺すだけの最も粗放的な農法で栽培可能な作物である。2005年に、プノンペンからシハヌークビルに向かう途中で、韓国のサムスン電子の子会社が経営している5000ヘクタールの広大なキャッサバ農場を見学させてもらったことがある。この農場を管理していたのは、韓国から派遣された韓国人経営者ただひとりだけだった。そのキャッサバ農場は、プノンペンから1時間ほど南下した場所にあった。

農場は、ジャングルを伐採して樹木を焼き払って畑地に造成している途中であり、まだ完全に畑地になっていない場所が残っていた。畑地にされた場所ではキャッサバ芋の栽培が始まっており、収穫されたキャッサバ芋は管理棟に隣接して建設された澱粉工場に運ばれて真っ白いでんぷん粉に加工されていた。キャッサバ澱粉は、インドネシアに送られて味の素の原料などに使用されるという。この時には、キャッサバ芋を原料にするタピオカが、10数年後の日本で爆発的なブームになるとは予想だにしなかった。日本でブームになっているタピオカの原料が、カンボジア産のキャッサバ芋かどうかはわからない。韓国人経営者は、この農場の他にトンレサップ湖の西方のバッタンバン州に、５０００ヘクタール規模の新たなキャッサバ農場を造成する計画だと話していた。その後、新しいキャッサバ農場が開園したかどうかは確認できていない。

嘗てカンボジア、ベトナム、ラオスを含めたインドシナ半島は、70年間に亘ってフランスによって統治された歴史がある。大航海時代を迎えたヨーロッパでは、肉食文化に欠かせないスパイス（胡椒）を求めて喜望峰を越えて次々にアジアに押し寄せるようになった。当初、その急先鋒となったのが日本に鉄砲やカステラをもたらしたポルトガルである。１４８７年、ポルトガルのバーソロミュー・デイアスによって、アフリカ大陸最南端の喜望峰が発見された。その10年後の１４９８年には、バスコ・ダ・ガマによって胡椒（スパイス）の原産国であるインド航路が開かれている。

銀一袋と胡椒一袋の価値が同じだった時代に、スパイス貿易の富はアラビア商人からヴェネツィア商人の手に移り、ヴェネツィアに莫大な富をもたらした。フィレンツェを支配したメディチ家の家紋が胡椒であることから想像しても胡椒貿易で得た財力が如何に大きなものであったかが覗える。

しかし大航海時代の到来によって、スパイス貿易の主導権はヴェネツィアから次第にポルトガルやスペイン、イギリス、フランス、オランダなどに移っていった。彼らはインドやインドシナ半島、インドネシアを次々に支配下に収め、スパイス貿易によって莫大な富を手に入れるようになった。

とりわけ、カンボジアの南西に位置するカンポット産の胡椒は７００年という長い歴史を有しており、世界で最も美味しい胡椒と言われてきた。カンポット産の胡椒は、旧宗主国のフランスはもとよりヨーロッパ各地に輸出され、珍重されたと言われている。しかしそのカンポットの胡椒も、１９７８年のベトナム軍のカンボジア侵攻後13年間に亘った内戦の影響を受けて衰退した。

内戦終結後、フランスの農業団体（ＡＦＤ）の資金援助によってKOMPORT PEPPER PROMOTION ASSOCIATIONが設立され、カンボジア農業省と商務相の支援を受けて胡椒の栽培が復興しつつある。しかしＡＦＤの資金援助は２０１０年に終了し、その後ＥＵが1年間の資金援助をおこなった。胡椒栽培の復興を担うカンポート胡椒協会（ＫＰＰＡ）は、１３０戸の胡椒栽培農家と民間企業14社（パッケージ業者、流通業者、輸出業者）によって構成されており、栽培農家1戸平均の植栽本数は２００本から３００本程度で、年間の推定生産量はおよそ４５００トンにとどまっている。

現在、カンポート州を含めたカンボジアの胡椒生産は、ベトナム、インドネシア、インド、ブラジルなどに次いで世界13位に後退している。栽培品種は黒胡椒、赤胡椒、白胡椒、green pepperの４種類。胡椒の苗木を植え付けてから収入を得るまでには4、5年を要し、この間の生産コスト10万リエルと協会の運営には年間１２０００米ドルが必要であり、これらを賄うための資金調達が大きな課題になっていた。２０１５年当時、手数料として生産農家からは胡椒1キログラム当たり１０００リエル、流通企業から1キログラム当たり１０００リエルを徴収していたが、内部資金だけで協会を運営するには年間２万５０００トン以上の販売量が必要だという。

カンポット州に近いケント州には、オーガニック農法で胡椒を栽培している日本人経営の胡椒農園がある。１９９７年設立のKURATA PEPPERは、イギリスのＢＢＣ放送の料理番組などでも紹介されており、日本国内でも販売されるようになっている。

インドラ・リージェント・ホテルのブレックファスト

――タイ・バンコク

バンコクのスワンナプーム国際空港からインドラ・リージェント・ホテルまではエアポートレイルリンクでおよそ30分程度の距離である。ラチャテウィー駅で下車してホテルまでは私の足で6、7分程度と交通の便がいいこともあって、バンコクに出張する時にはいつもこのホテルを利用している。しかしエアポートレイルリンクが開通していなかった時代には、当時のドン・ムアン国際空港とバンコク市内を行き来するのは結構大変だった。

バンコク市内には一方通行の道路が多いことや、悪名高かった道路の大渋滞によって目的地にたどり着くまでに大変な時間が必要だった。いまでは、日本国内のビジネスホテル並みの料金で宿泊できるこのホテルに宿泊する日本人客は極めて少ない。しかし、バンコク市内に現在のような高級ホテルが少なかった時代には、インドラ・リージェント・ホテルは日本航空の乗務員の宿泊先として利用されていた時期もあった。嘗ては、ラーチャオウラロップ通りを中心部に向かって歩くと、15分程度でタイ大丸やそごうデパートに行けた。今やそれも遠い昔のことになった。大丸もそごうも撤退し、いまは通りの反対側に伊勢丹が出店している。しかしその伊勢丹も、昨年28年の歴史に幕を下ろした。

チャオ・プラヤ河に包み込まれるように広がっているバンコクの正式名称は、略してクルンテープ・プラ・マハーナコン（天使の都）という。ヒンドゥー教の神様ヴィシュヌ神が造ったという大いなる天使の都の正式名称は途轍もなく長いため、通常は最後の天使の都を現わすクルンテープと呼んでいる。

チャオ・プラヤの対岸には、三島由紀夫の小説「暁の寺」でも有名なワット・アルンが聳えており、チャオ・プラヤを挟んでその反対側の対岸には三大寺院のワット・プラケオ（エメラルド寺院）とワット・ポー（涅槃寺）、さらに進むと王宮やラマ四世通りとプルンチット通りに挟まれるように、バンコク中央駅やサイアム広場やルンビニ公園などがある。

最初にバンコクに立ち寄ったのはインドへの行き帰りだった。当時は、ニューデリーに行くのにカンボジアのプノンペンと、タイのバンコクを経由した記憶がある。航空機の給油のためだったのか、それとも国際便の本数が少なかったために経由地が多かったのか良くわからない。バンコクには米菓の製造や冷凍食品などの調査で何回か行ったことがあるが、その後はカンボジアやミャンマーなどに行く時の経由地として利用することが多かった。

１９７０年代のバンコクは、他のアジアの主要都市と比べても格段に華やかな大都会だった。他のアジアの都市からバンコクに来るとまるで東京に帰ったような感じがした。当時は日本以外の東南アジアの国々も、インドも中央アジアの国々も、中東諸国も、ロシアも東欧諸国も皆発展途上にあり、経済的には厳しい時代だった。とても多くの国民が海外旅行などに行ける状況ではなかった。あれから40余年が経過して状況は一変した。インドラ・リージェント・ホテルのブレックファスト（朝食）の時間になると、この数十年間に世界経済に起こった大きな変化と国際社会の激動の歴史の一端を知ることになるのである。

嘗ては、多くの日本人観光客で賑わったインドラ・リージェント・ホテルから日本人が消えた代わりに、これまで海外旅行とは無縁だった国々の人々が海外旅行を楽しむ時代がやってきたのである。朝起きてエレベーターに乗って、ホテルの4階にある朝食だけに使用されているバイキング形式のオープン・レストランに行くと、そこでは毎日のように国籍の異なる旅行者の一団が朝食を摂っている風景に出合うのである。10年以上前にはオーストラリアやアメリカ系、その後数年はロシア系が多かった時期があった。さらにその後、アラブ系や中央アジア系に移り、やがて中国系のマレーシア人やインドネシア人に変化しており、最近ではインド系が目立つようになっている。

これらの旅行客の国籍の変化は、１９９０年代以降の世界経済の変化、とりわけ発展途上国の世界経済と国際社会におけるプレゼンスが大きく高まったことを意味している。つまり、嘗てはほんの一握りのお金持ちと圧倒的な貧困層しかいなかったこれらの国々に、中間所得層や新富裕層が生まれたのである。そして彼らが海外旅行を楽しむ時代がやって来たのである。タイは急成長を遂げた中国の観光客に最も人気の高い観光地になっており、バンコク市内では十数台の大型バスを連ねた中国人観光客の大集団に遭遇することが少なくない。

近年、日本の京都、奈良、御殿場、箱根、銀座、浅草、日光、沖縄などの観光地はインバウンドの観光客で溢れている。最も多いのが中国と台湾からの観光客、次が韓国人、そして東南アジア系、さらに欧米諸国、オセアニアなどからの観光客が急増している。こういった現象は、30～40年前には想像できなかったことである。まさにホテルの宿泊客の国籍は世界を写す鏡である。私は、インドラ・リージェント・ホテルの朝食の時間に出合う外国人旅行者の国籍の変化からそれを強く感じるのである。

ボルネオ島の焼き畑農業
——マレーシア・サバ州

３月22日の朝日新聞の一面に「農園開発　環境脅かす」という記事が出ていた。ボルネオ島南部のインドネシア領南カリマンタン州タンジュンバラン村近くの森がパーム・オイルの原料となるアブラヤシの農園に開墾されており、地球温暖化の原因となる二酸化炭素（CO_2）を吸収している貴重な熱帯雨林が失われていることや、貴重な野生生物が危機的状況にあることが報じられていた。

ヤシ科の植物であるアブラヤシを原料とするパーム油は、シャンプーや石鹸、チョコレートやマーガリン、インスタント・ラーメンやスナック菓子の揚げ油など多様な製品に使用されている。近年ではバイオマスの自動車燃料などにも使用されるなど、その用途が大きく拡がっている。そのオイル・パームの世界最大の生産国がマレーシアとインドネシアである。世界のパーム・オイルの８割以上がこの両国で生産されている。

アフリカ原産のアブラヤシはオランダによってインドネシアに持ち込まれ、やがて石油化学品の登場によって市場を失った天然ゴムに替わる代替作物として、国策産業としてマレーシアの国営プランテーションに導入されたのである。その後、オイル・パームの栽培面積はマレー半島を中心に大きく拡がったが、パーム・オイルの飛躍的な需要増加に伴って、やがてボルネオ島のマレーシア領のサバ州に、そしていまでは、インドネシア領のカリマンタにまで拡大しつつある。コタキナバル空港から国内線でクアラルンプールに向かってマレー半島を北上すると、眼下にはオイル・パームのプランテーションが広がっている。

手狭になったマレー半島に代わって新たにボルネオ島に造成されたオイル・パーム園によって、熱帯雨林の4割が消失したと言われている。ボルネオ島の北部に位置するサバ州は、実に1万5000種の植物とオラン・ウータンやボルネオ象、テングザルなど288種類以上の哺乳類、650種類以上の鳥類、250種類以上の爬虫類、180種以上の両生類が生息する生物多様性の宝庫なのである。

最初にボルネオ島に行ったのは、今から15年ほど前である。1回目は、サバ州のキナバタンガン川下流域のジャングルを伐採して、造成中だったオイル・パーム農園の開発現場だった。途中の集落のハエの飛びまわる食堂で、簡単な昼食を済ませて開発現場に向かった。ジャングルを伐採した現場では、数台のブルドーザーが土地を平らに均してアブラヤシを植栽する農園の造成作業が進められていた。

2回目は、ジャングルの中でマングローブ林を伐採して炭焼きをしている現場を見に行ったときである。コタキナバルからラナウ方面に向かう国道を、途中から林道に入って40分ほど走った場所に土嚢で造った炭焼き用の窯があった。そして、窯の近くには4世帯の家族が住まいを構えて炭焼きをしていた。私達が訪ねた時には既に炭焼きが始まっており、窒は土嚢で閉じられていた。周辺に生えているマングローブの木を伐採して、高さ4、5メートル、奥行き7、8メートルはあろうかと思われる大きな炭焼き窯で、年間4、5回炭を焼いているという。

焼きあがった炭は、近くを流れる川を利用して船で買い付けにくる中国系の商人に販売しているという。硬くて質の良いマングローブの炭は乾燥剤など用途が大きく広がっており、需要が多いという。ボルネオ島のジャングルには、ところどころにマングローブ林を伐採して炭焼きで生計を立てている家族がいると聞いたが、その実態は明らかでない。

コタキナバルから標高4095メートルの世界遺産キナバル山の麓に向かって、高低差のある国道を車で走ると、ところどころに道路脇の急斜面を切り拓いてパイナップルや陸稲（米）を栽培している風景に出くわす。いわゆる焼畑農業である。

平地の少ないサバ州では、このような傾斜地を開墾した焼き畑農業を含めて、2万3000ヘクタールの農地にミックスフルーツ、バナナ、かんきつ類、パイナップル、メロンなどが栽培されており、山岳地帯で暮らす農民達の貴重な収入源になっている。収穫した野菜や果物や雑穀などは国道沿いに設けられた小さな直売所で販売されている。

日本でも、昭和30年代頃まで、東北、関東、甲信越、中・四国、九州などの山間僻地では4、5年置きに山林を伐採してソバや豆類、だいこん、さといも、かぶ、こんにゃくなどの作物を栽培し、その後自然に戻すという焼き畑農業がおこなわれていた時期がある。

森林が大部分を占めるボルネオ島の北部一帯は、嘗て日本が外国から輸入する木材の7割を賄う熱帯材の一大供給基地だった。コタキナバル市内の中心部には、主だった日本商社の事務所や支店が置かれていた時期があり、私が行った当時にはまだ商社の駐在員等の子弟が通っていた日本人小学校が残っていた。その後、サバ州の熱帯林は切り尽くされて、私が行った頃は日本政府の協力で植林作業が行われていた。

国道をキナバル山に向かって進んでいくと、途中の峠にはサバの伝統工芸品やマンゴスチンや、マンゴウ、バナナと言った熱帯産の果物や野菜などを販売している露店が軒を並べた休憩所、日本流に云うとドライブインみたいな場所があり、オーストラリアやヨーロッパなどからの観光客で賑わっていた。この辺まで登ってくると、コタキナバルのリゾートホテルを占領している中国人や韓国人の姿はほとんど見られない。

さらに進むと８００メートルから１０００メートル地点に、比較的なだらかな丘陵地が広がっている。クンダサンというこの一帯は高原野菜の産地になっており、道路脇のバザール（市場）では、周辺の農家で栽培されている野菜や果物が販売されていた。トマト、イチゴ、だいこん、キャベツ、ブロッコリー、カリフラワー、アスパラガス、レタス、白菜など多品目の野菜が栽培されており、品質も悪くない。区長さんによると、この地域だけで消費しきれないトマトなどをジュースに加工して販売したいと話していた。最近は高原野菜だけでなく高原リゾート地として開発が進んでいるようである。私が行った当時は、小高い山の上に小さなホテルが一軒だけ営業していた。

クンダサンからさらに登った標高２０００メートル地点には、バード・ウオッチングや野生動物などを観察できるエコ・パークがあり、林の中には宿泊施設も整っていた。エコ・パークには、ヨーロッパやオーストラリアからの訪問者が多いという。近くには国立のキナバル公園があって、キナバル山の登山口になっている。

エコ・パークからコタキナバルに帰る途中、エンジンがヒートして車が動かなくなるトラブルが発生した。急な坂道を登ったため、エンジンに予想以上に大きな負担がかかったようである。数百メートル走るたびにエンジンが止まってしまうので、案内してくれたコタキナバル在住の日本人建築家の男性と二人で、山から流れ出る道端の湧水を汲んできてエンジンを冷やしながらどうにかコタキナバルにたどり着いた。コタキナバルに帰り着いた時には夜の8時を回っていた。ジャングルでの車のトラブルは、死に到る危険性があることを身をもって体験した。

サバ州には年一回、数年間通った。訪問先も、市内から30分ほど離れた小高い丘の上にある国立サバ大学や、立派なモスクの近くにあるサバ州農業省、コタキナバル市内の開発研究所、ＪＩＣＡ（国際協力機構）の支援で植林した森林、茶色に濁ったバダス川をボートで遡ったマングローブ林など多岐に亘った。

確か5回目だったと思う。コタキナバルの南のタンブナンという町に森を切り拓いて生姜を栽培している現場を見に行ったことがある。日本に留学経験のある州政府の職員の方に案内していただいた。タンブナンに行くには、５００~６００メートルの峠を幾つも越えなければならなかった。このあたりでも、道路脇の急な斜面を切り拓いて焼き畑農業で雑穀や果物が栽培されていた。繰り返しになるが、平地の少ないサバ州では焼き畑農業で雑穀や果樹や野菜を栽培している農家が多い。

ここタンブナンでは、数年前から山の斜面を耕して需要が高まっている生姜を栽培するようになったという。市内から山道を10キロメートルほど走った一軒の農家の庭先では、女性たちが収穫した生姜をムシロに広げて出荷前の調整作業をしていた。収穫した生姜は買い付けに来る産地商人によってコタキナバルに運ばれて、卸売市場や青果店などに販売されるほか、輸出商によってクアラルンプールやシンガポールにまで出荷されるという。生姜を自分達でコタキナバル市内まで運んで販売することが難しいことから、産地商人の提示する価格で売り渡すしかないという。収入を増やすには、ジャングルを伐採して生姜の栽培面積を増やすしかない。生産者からのヒアリングを終えて、環境を破壊しない持続可能な生姜の栽培には、農民たちが再生産可能な価格で安心して農産物の生産に取り組める価格安定制度の創設が必要との結論に至った。

山道をタンブナンに戻る途中、タンブナン市内の小学校から山道を歩いて集落に帰る途中の5、6人の小学生に遭遇した。子供たちは毎日10キロメートル以上の山道を歩いて学校に通っているという。しかし、彼らはまだ恵まれているのかも知れない。マングローブ林の炭焼き小屋の近くに住んでいた子供たちは、学校に通いたくても通えない環境にあった。

最初の数年間は、日本からコタキナバルまでの移動は結構大変だった。朝一番に神奈川の自宅を出て成田空港に向かい、成田からシンガポールかクアラルンプールに飛んで、そこからマレーシア航空の国内便に乗り換えてコタキナバル空港まで3時間半。空港で荷物を受取ってホテルにチェックインしていると目の前の時計が午前0時を指していた。その数年後、日本からコタキナバルを訪れる観光客が増えたこともあって、羽田からコタキナバル行きの直行便が週2便就航して随分と楽になった。

日本向けのフライトは日付が変わった午前0時過ぎにコタキナバル空港を飛び立つことから、前日に空港に移動しなければならない。ところが、うっかりして翌日のフライトと勘違いして飛行機に乗り遅れた苦い経験がある。翌日、朝一番で空港内のマレーシア航空のカウンターに行ってようやく翌日の便を確保できたが、片道の航空券を新たに購入する羽目になった。年末に片付けなければならない仕事が残っており、最悪の場合にはシンガポールかクアラルンプールから関西空港に飛んで新幹線で東京に戻ることも覚悟した。翌日の便で帰国して事なきを得たが、ひとり旅にはこういった危険が付きまとう。

環境問題に立ち上がるインドネシアの若者たち
――インドネシア・スンバワ島

インドネシアは、日本の5・5倍の国土に2億7062万人が暮らすアジアの人口大国である。国民の87%はイスラム教徒であり、世界最大のイスラム国家として知られている。最初に行ったのはカリマンタンのパランカラヤ、2回目がジャワ島のジョグジャカルタとジャワ島東部の農村だった。この農村では、農民たちが近くの山から掘り出した石を砕いて金を採取していた。

農家の庭先には砕いた石から金を分離する器具が据え付けられており、金を分離するのに水銀が使われていた。その水銀が住民の生活用水である井戸水や水田に流出している可能性があることから、ジョグジャカルタにあるガジャマダ大学の学生達が調査していた。発展途上国の環境問題を研究している友人の依頼で、私もこの調査に同行することになった。

現在までのところ、住民達の健康被害は確認されていないとのことだったが、今も後遺症に苦しんでいる人達がいる熊本県の水俣病や新潟県の阿賀野川流域のイタイイタイ病のことが頭をよぎった。重労働と危険を冒して集落の住民たちが金の採取によって手にする収入は、日本円にして月額1000円程度だという。その翌年には、同じように山から採取した石を砕いて砂金を取りだしているスンバワ島に行くことになった。

前日の夜バリ島のデンパサールに一泊し、翌日、デンパサールからロンボク島のアンペナン空港に移動し、ガジャマダ大学と日本の研究グループと合流した。ここから3台の車に分乗して、スンバワ島行きのフェリー乗り場のあるラブハン・ロンボクの港に向かった。アンペナン空港からラブハン・ロンボクの港までは、島の北東部に聳える標高3726メートルのリンジャニ山の山麓を西から東に島を横断しなければならないため、移動には非常に時間がかかった。途中の町で遅い昼食を摂った。スンバワ島に着いた時には既に時計は午後7時を回っていた。ここから真っ暗な曲がりくねった道をスンバワ島東部の町を目指して一路車を走らせた。

何しろ初めての土地である。外燈のない真っ暗な道を走るのは不安で仕方がなかった。ようやく目的の町ビマに辿り着いた時には午前1時を回っていた。予約してあったホテルに到着し、翌日は2時間ほど離れた集落に行った。村はずれの水田の一角には、水銀を使って金を取り出す電動式の器具が数台設置されていた。

この集落には、30名ほどのガジャマダ大学の学生達が一軒家を借りて2ヶ月間に亘って住民達の健康状態や生活実態について調査していた。共同生活をしている学生達の専攻も、経済学、農学、文学、法学など複数の分野に跨っていた。この集落から2キロメートルほど離れた金を含んだ石の採掘場所では、中年の女性が近くの山から運ばれてきた石をハンマーで砕いていた。その近くの林の中には、ガジャマダ大学の学生達が流出した水銀を土中から吸い上げるソルゴーなどの作物を栽培するために開墾した試験圃場が設けられていた。

翌日は町の中心部にある行政機関とモスクを見学した。午後は、学生達がこれまでの調査結果の中間報告を行うという町役場の会議場に移動した。中間報告のプレゼンテーションは、午後2時過ぎから2階の会議室で行われた。出席者は学生達の他に、町のトップである首長さんとスタッフ数名、ガジャマダ大学の先生と私達の5名である。講堂の前方には小型のスクリーンが設置されていた。

プレゼンテーションの内容は、世界各地の水銀被害の状況と調査地域での水銀被害に対する取り組みの実態についてである。プレゼンテーションは実に堂々としたものだった。とても学部の学生の報告とは思えないほど立派なものだった。果たして、現在の日本の大学でこれだけの問題意識を持って研究に取り組んでいる学生がどれだけいるのだろうか。もちろん、インドネシアと日本との間には経済環境や社会環境に大きな違いがあり、単純に両者を比較することができないことも事実である。現在、ガジャマダ大学の学生達が取り組んでいる問題は、貧困から発した問題であり、嘗ての日本の公害問題のように巨大企業の経済活動が原因で発生したものではない。

　1960年代の日本では、安保闘争や学園闘争や公害問題などの政治問題や社会問題に多くの学生達が立ち上がった時期があった。いまも日本からこの種の問題が完全に消えたわけではないが、世の中の仕組みが複雑になったせいか、若者たちが情熱をかけて取り組むような社会問題が見えにくくなっているのかも知れない。或いは、現代の日本の若者たちは目の前の課題に取り組むのに精一杯で、社会全体の問題に立ち向かうといった意識が低下しているのだろうか。直向きにピュアな心で社会問題に立ち向かうインドネシアの若者たちは、或いは逆にしあわせなのかも知れないと思いながら眠りに就いた。

　翌日、スンバワ島からカーフェリーでロンボク島に向かい、ロンボク島を横断して宿泊を予約してあったスンギギのホテルを目指した。途中の町に差し掛かるとガジャマダ大学の二人の先生が、今日は金曜日で特別なお祈りの日ですからちょっと待っていて下さいといって、道端に車を止めて運転手と一緒に道路の反対側にある大きなモスクの中に消えて行った。それから2時間余りクーラーのない車の中にひとり取り残されることになった。すでに時刻は3時半を過ぎていた。先生たちがお祈りを終えて車に帰ってきた。マタラムに向かう途中で夜になった。

　私が予約した宿泊先のスンギギのホテルに行くにはかなりの時間が必要だという。運転手の帰りの時間を考えるとスンギギまで行くのは難しいという。仕方なく予約してあったホテルの宿泊を諦めて、ガジャマダ大学の先生達が予約してあるというナルマダの近くのバンガローに宿泊することにした。

ガジャマダ大学の二人の先生は既にバンガローを予約してあったが、私はバンガローに到着すると直ちに受付に行って宿泊可能か交渉した。朝食込みで40米ドルならＯＫだという。すでに時刻は夜の8時を過ぎていた。インドネシアの二人の先生は翌朝地元の小学校で開催される行事に参加するというので、二人とはここで別れることになった。その晩はそのままシャワーを浴びて休むことにした。田んぼの中に建てられた小奇麗なバンガローの室内は、簡素なベッドとシャワーと便器が置かれているだけで他に何もなかった。

翌朝起きてバンガローの外に出ると、何と目の前に青々とした田んぼが広がっていた。その田んぼの中に茅葺き屋根のバンガローが6棟並んでいた。昨夜は暗くて判らなかったが、私が泊まったのは手前から2つ目のバンガローだった。何という景色だろう。シャワーをして身づくろいしてから、管理棟の受付の脇にあるガランとした食堂に向かった。食堂には大きな長方形のテーブルがあるだけで何もない。テーブルの向こう側には会話からフランス人と思われる中年の夫婦と子供二人の家族が食事をしていた。朝食のメニューは洋食で、トーストと目玉焼きとコーヒーとバナナのみ。このバンガローを利用する客の大部分は外国人だという。

食事が終わってバンガローの前の田んぼの畦道を歩いていると、前方にロンボク島の名峰標高３７

２６メートルのリンジャニ山が聳えていた。ここはロンボク島の活火山リンジャニ山の山麓だったのである。

カリマンタンのクリスマス・ケーキ

――インドネシア・パランカラヤ

インドネシアは世界で最も島数の多い国である。その数1万3466。インドネシア語でカリマンタンと呼ばれるボルネオ島は、グリーンランド、ニューギニア島に次いで世界で3番目に大きな島である。ボルネオ島の西部は、マレーシア領のサバ州とサラワク州、そしてこの二つの州に挟まれるように産油国ブルネイがある。ボルネオ島のおよそ7割を占めるのが、インドネシア領のカリマンタンである。インドネシア語でカリマンタンとはボルネオ島全土を指している。

シンガポールやバンコクから離れていることもあって、インドネシアに行く機会は少なかった。カリマンタンと国境を接するマレーシア領のサバ州には度々足を運んだが、カリマンタンに足を踏み入れることはなかった。ところが、知り合いの環境調査を手伝うことになり、ボルネオ島（カリマンタン島）の南に位置するパランカラヤという町に行くことになった。12月の半ば過ぎに成田空港を出発し、夕刻ジャカルタに到着した。ジャカルタ空港に隣接したエアポート・ホテルに一泊し、翌朝の六時過ぎの国内便でパランカラヤに向かうのである。この便に乗り遅れると、翌日行くしかない非常に不便な場所である。

パランカラヤの一帯はいわゆる泥炭地帯である。泥炭は湿り気のある場所や水の溜まりやすいい地盤にできやすいと言われている。ジャカルタからパラカラヤに向かう機上からもこの一帯に湿地や沼地が多いことが判る。日本では北海道に泥炭地帯が多いことから、早くから北海道大学がここに拠点に設けて研究に取り組んでいる。泥炭は北米、北欧、ロシアなどの寒冷地に多く分布しているが、熱帯地方にも泥炭地帯が形成されており、トロピカル・ピートと呼ばれている。

私は泥炭の専門家ではないが、泥炭地帯でどのような農業がおこなわれているのかを調査するために、パランカラヤに来ることになった。初めての土地で右も左も判らないまま、とりあえずこの地域の概況を把握するために、通訳をお願いした地元の大学の学生さんと調達した車の運転手と私の三名でこの一帯を回ってみることにした。一日目は、町から一時間ほど走った比較的近い農村地帯を回った。パランカラヤの中心部から農村地帯に向かう道沿いには、アメリカ、日本、韓国の自動車のディーラーが軒を並べていた。フォード、ホンダ、トヨタ、マツダ、三菱、ダイハツ、スズキ、さらに韓国のヒュンダイ（現代）、キア（起亜）の乗用車が並んでいる。

人口が多く、アジア有数の産油国で、経済発展によって国民所得が大きく増加しているインドネシアは、有望な市場として世界中から注目されており、インドネシアに進出する日本企業も大幅に増えている。農村部ではまだ乗用車の数はそれほど多くないが、嘗ての台湾やタイ、或いは現在のベトナムなどがそうであるように、ここインドネシアでもオートバイの数が驚くほど増えている。オートバイには家族、子供が複数人すずなりに乗って走っているものもある。

最初に行った集落で目に着いたのは、日本でイチゴの栽培などで見られる高畝式の栽培方法がおこなわれていたのと、食べると飛び上るほど辛いグリーンの小粒の唐辛子があちこちで栽培されていたことだった。二日目はちょっと距離を伸ばしてパラカラヤから2時間半ほど離れた農村に足を運んだ。途中には作物の栽培されていない湿地帯や、低木のジャングルみたいな場所があちこちに散見された。訪問したひとつの集落では、共同出荷組合みたいな組織のリーダーに会って話を聞いた。農家が個々に市場に出荷すると価格も安く、輸送費も嵩むので20戸の農家で共同出荷の組織を作ったという。徐々に組織を拡大して農家の所得向上を目指すという。

三日目はさらに遠方の農村を訪ねた。訪問した集落では、自宅の前にある30アール程度の畑に野菜を栽培していた。畑の奥にはまだ建ってから数年しか経っていないと思われる小奇麗な住宅が並んでいた。話を聞くために住宅に近づいた。すると玄関を入ったリビングみたいなフローリングの部屋には、クリスマスツリーと奇麗にデイスプレイされた手作りのお菓子、クリスマスケーキが並んでいた。

30代後半と思われるご主人と奥さんと子供二人の四人家族である。今日は無礼講だから自由に食べていいという。折角だから農家のご主人から話を伺いながらお菓子をいただくことにした。今日はクリスマスイヴでこの集落では、どの家でも同じようにクリスマスツリーとお菓子を飾ってお客さんをもてなすのだという。この集落に住んでいる人達は皆クリスチャンだという。世界最大のイスラム教の国にキリスト教を信じるクリスチャンの集落があることに驚いた。ボルネオ島の北に位置するフィリピンがアジア最大のキリスト教国だということや、バリ島がヒンドゥー教の島だということは知っていたが、まさかインドネシアのカリマンタンにクリスチャンの人々が暮らしている村があるとは夢にも思わなかった。

このあたりは泥炭地帯ではないらしく、普通に野菜などが栽培されていた。農地は自分達の所有ではないらしく、地主は別の場所に住んでいるらしい。生産した野菜は買い付けに来る商人が買い取って町に運ぶらしい。クリスマスと年末が近づいているためか、国道はパランカラヤと農村の間をひっきりなしに行き来するオートバイと乗り合いタクシーで溢れていた。

インドネシアはアジア最大の産油国である。ここから北東に移動した東カリマンタン州のバリクパパンには、日本とも関わりのある油田がある。最近、パランカラヤの西方の農村地帯のジャングルが伐採されて、オイル・パームの農園の造成が進んでいることが報じられている。手付かずだった泥炭地帯にまで開発の手が伸びているようである。

神々の島バリ島の学食

――インドネシア・デンパサール

ジャワ島の東に浮かぶ小さな島。それがバリ島である。東京都の2・5倍ほどの面積に320万人が暮らしている。島民の9割がバリ・ヒンドウー教徒であり、残りの1割弱がイスラム教徒、キリスト教徒、仏教徒である。ヒンドゥー教の文化が花開いた神々の島バリ島は、その独特の文化と風光明媚なリゾート地として日本人にも人気の観光地になっている。

バリ島には、ジャワ島のジョグジャカルタとロンボク島に行く時に国内線に乗り換えるのにグラライ国際空港を3回ほど利用した。最初にデンパサールに行ったのは2011年の12月である。成田空港を出発してデンパサールに着いたのは朝の6時過ぎだった。目的地のジョグジャカルタ行きのフライトは午後3時過ぎである。出発までに8時間余りあるが、今日中にジョグジャカルタに到着すると伝えてあるので、空港周辺で時間を潰すことにした。デンパサールからジョグジャカルタまではおよそ1時間余のフライトである。

2回目はスンバワ島の調査に行く時に、隣のロンボク島の空港でインドネシアの友人達と待ち合わせることになり、前日の夜デンパサールのクタのホテルに一泊した時である。そして今回はデンパサールにあるウダヤナ（UDAYANA）大学で開催される学会に参加するために再びデンパサールに来ることになった。

ウダヤナ大学に到着して正門の守衛所で学会が開催される建物の場所を聞いてタクシーでその建物に向かった。広い校内にはレンガ色の石造りの建物が並んでいる。学会が開催される講堂の玄関には、ヒンドゥー教の富みの神様であるガネーシャ神の大きな石像が鎮座していた。

ウダヤナ大学で開催された学会は、バイオサイエンスとバイオテクノロジーの学会だった。学会に先立って、会場の前方に設けられた舞台で若い女性たちによるバリ島の民族舞踊が披露された。その後、ウダヤナ大学の学長、日本領事など主催者と来賓の挨拶があり、オーストラリアの大学から招聘された女性教授による基調講演が行われた。続いてジョグジャカルタのガジャマダ大学、日本のＪＩＣＡの専門家などの報告があって、午前中の最後が私の報告だった。

私の報告は、マレーシアでの実態調査に基づく持続可能な食料チェーン（Sustainable Food Chain）についてである。報告を終えて質疑応答に移った。地元インドネシアの研究者から3つほど質問があった。幸か不幸か、３つ目の質問の途中で司会者から、お祈りの時間になったからこれで質疑応答を打ち切るというアナウンスがあった。たとえ学会の途中であろうが、すべてにお祈りが優先するのである。そう言えば、マレーシアのサバ州の州都コタキナバルのビルというビルにはすべての職場ごとにお祈りの部屋が設けられており、午前と午後のお祈りの時間になると、お祈りのために仕事が中断されると聞いた。とりわけ植林などの現場の作業では、お祈りの時間によって作業が中断されるため、仕事に支障があるという話を聞いたことがある。

宿泊したジャンバランのホテルからウダマヤ大学を往復する道すがら、デンパサールの街角の到る所に小さな祠が祭られており、近くに住んでいると思われる老夫人が朝な夕なに祠に季節の花や菓子などを備えて祈っている姿を目にした。イスラム国家インドネシアの中にあって、バリ島だけは唯一インドと同じ世界４大宗教のひとつヒンドゥー教が信仰されている島なのである。

ヒンドゥー教はキリスト教やイスラム教のような一神教ではない。ヒンドゥー教には、三大神のヴィシュヌ、幸運の女神のラクシュミ、破壊神のシヴァ、富の神のガネーシャ、太陽神のスーリアなど多くの神々が共存しており、牛も像も猿も蛇もすべて神様の化身なのである。多くの日本人が信仰する仏陀（仏様）ですらヒンドゥー教の神殿に祭られているといった具合に、ヒンドゥー教には多くの神様が同居しており、神々の間に絶対的な区別がなく、皆同じ神様として崇められている。

ヒンドゥー教のことは詳しくないが、インドの街角や村はずれにはヒンドゥー教の寺院や祠が祭られており、裕福な家庭の庭の片隅に小さな祠が設えてあるところもあった。とにかく私が接した人達は信心深く、毎日の信仰はもとより、動物性の食品を一切摂取しない菜食だけの食生活から、浄・不浄の考え方によって不浄の手と言われている左手を使用せず右手だけで食事をする食事の作法に至るまで、日常生活のすべてがヒンドゥー教の教えに則って行われていた。

そのヒンドゥー教が現在もジャワ島で信仰されているのは、16世紀に勢力を強めたイスラム教に滅ぼされたヒンドゥー王国マジャパヒトの僧侶や王族がバリ島に逃れてこの地で新たなヒンドゥー文化を花開かせたためである。

お祈りの時間が終わって昼食の時間になった。昼食はバイキング・スタイルだった。会場の入口の学食の近くの楕円形の大きなテーブルにご飯やカレー、鶏肉と野菜の炒めもの、野菜の煮物、サラダ、スープ、白いせんべいのようなものが準備されていた。それぞれ好きな食べ物を自由に自分のお皿にとって食べるのである。学会の参加者は、予想よりも女性が多かったように思う。

すでに後学期の授業が始まっていたので、午後のシンポジウムを失礼してデンパサールの空港から帰国の途に就いた。それにしても、学会だけでなくすべての行事が宗教的な規律に則って行われていることに日本との大きな違いを感じた。われわれ日本人は宗教心がないわけではないが、日常的な信仰心が乏しくなっている面は否めない。もとより、日本にも熊野詣や四国88か所の霊場めぐりや高野山等々全国各地に多くの霊場や神社や寺社仏閣があり、これらの場所を訪れる参拝者が少なくないことも事実である。

人生の目的を達成する方法は、それぞれの個人が何を目標に生きるか、何を達成しようとするかによって異なっている。バリ島の人々にとっては祈ること、つまり精神的な安息を得ることが人生の最高の目標なのかも知れない。私にはそう感じられた。

残留孤児とフィリピン・バナナ ――フィリピン・ミンダナオ島

スミフル（旧住商フルーツ、住友商事の子会社）が、フィリピンのバナナ事業から撤退するというニュースが飛び込んできた（東洋経済オンライン）。われわれ日本人が食べているバナナのおよそ8割は、フィリピン産のバナナである。

そのフィリピン産バナナの9割以上は、フィリピン南部のミンダナオ島のダバオ市周辺で栽培されている。スミフル（旧住商フルーツ、住友商事とソーントンの合弁企業）の子会社であるスミフル・フィリピンが、ミンダナオで経営するバナナ農園の面積は1万ヘクタールに達し、日本のバナナ需要のおよそ3割を賄っている。１９７０年代の初頭、農業開発が遅れている発展途上国に日本の技術と資本を提供して農産物を生産し、生産された農産物を日本に逆輸入する「開発輸入」が盛んに行われた時期がある。インドネシアのスマトラ島で、総合商社の三井物産、三菱商事、伊藤忠商事などが取り組んでいたのが、トウモロコシ（メイズ）の日本への開発輸入である。住商フルーツ（住友商事）のバナナ事業もそれに近い。

ミンダナオ島のバナナ農園に行ったのは、住商フルーツが設立されて間もない１９７４年である。マニラ空港で国内線に乗り換えてダバオに向かい、翌日、現地に駐在するダバオ・フルーツの日本人社員の方に宿泊しているホテルまで迎えに来ていただいた。当時、ミンダナオではフィリピン政府と対立する反政府過激派組織モロ・イスラム解放戦線が日本人を誘拐する事件が頻発しており、ダバオの日本領事館はその対応に追われていた。

われわれはダバオ・フルーツのジープでバナナ農園に向かった。広大なバナナ農園では、出荷用のバナナの収穫作業が行われていた。収穫期を迎えたバナナは、バナナの房だけを切り取って収穫するのではなく、バナナの幹ごと切り倒して収穫していたのが印象的だった。当時、収穫されたバナナの大部分が日本向けに輸出されていたが、果物の少ない中東地域への輸出にも力を注いでいると話していた。１９９４年のフィリピン・バナナの主な輸出先を見ると、日本向けが66・5％と圧倒的な割合を占めているが、サウジラビア向けが８・９％、アラブ首長国連邦向けが７・６％を占めていた。２０１０年になると、日本向けは49・８％に低下し、他方、イラン向けが13・８％、中国向けが10・４％と日本以外の国々への輸出割合が高まっていることがわかる。

高度経済成長に伴う旺盛なバナナ需要を背景に、1960年代に日本向け輸出を目的に造成されたのがミンダナオのバナナのプランテーションである。戦後の日本で販売されていたバナナの大部分は台湾産のバナナであり、供給量も少なく値段も飛び上がるほど高かった。バナナは高級果実の代名詞であり、病人食と言われて病気見舞いなどに持参することが多く、日常的に消費できるような果物ではなかった。1970年代にインドに行った時に、1房12本のバナナを15円ぐらいの価格で購入できるのに感激して、毎日バナナを買って食べたのを覚えている。

フィリピン産バナナは、日本のバナナの消費に劇的な変化をもたらした。フィリピン・バナナの登場によって、誰でもいつでも美味しいバナナを口にすることができるようになったのである。高級果実の代表格であったバナナが、大衆果実になったのはひとえにフィリピン・バナナによるものである。スーパー・マーケットや百貨店に行くと、入口に近い果物売り場の最前列にバナナを陳列している店舗が多い。いまではフィリピン産に加えて、台湾産やエクアドル産など多種多様なバナナが輸入されており、オーガニック・バナナや完熟バナナ、甘熟バナナなどバナナの差別化も進んでいる。

ミンダナオが日本向けのバナナの輸出産地になったのには、バナナの栽培に適した気候条件に加えて、ミンダナオの地理的条件が深く関わっている。当時、日本や台湾などに襲来する台風は、このミンダナオ島の東部とパラオ共和国との間の海域で発生しており、バナナの栽培にとって大きな脅威となる台風の来ないミンダナオ島はバナナの栽培に最適な場所だったのである。つまり、ミンダナオ島はバナナの栽培に地の利があったのである。

その一方で、私達が美味しいバナナを毎日のように消費できるその裏側では、バナナの栽培に使用される農薬の大量散布によって、バナナ農園で働く労働者に健康被害が発生するなど、過酷な労働条件を強いられていることが報じられている。

ミンダナオの中心都市ダバオ市と、日本との間には100年を超える深いつながりがある。ミンダナオのバナナ農園で働く労働者に中には、日系2世のいわゆるフィリピン残留孤児が含まれている。このダバオ市一帯は嘗てマニラ麻の大産地であり、明治時代の1903年以降ロープなどに使用される麻の栽培が盛んになり、最盛期には沖縄などから「麻移民」と言われる日本人移民が2万人近くにも達した。このため、ダバオ市内にはミンタルと呼ばれる日本人街まであったという。しかし太平洋戦争の終戦によって、軍需物資としての麻の栽培は終わりを迎えた。

連合国軍と日本軍の激戦地となったフィリピンには、多くの日系人が取り残された。フィリピンに残った日系人は、経済的に困窮し、日系企業の農園やドールやデルモンテなどの多国籍アグリビジネスが経営するバナナやパイナップル、マンゴー、パパイアなどのプランテーションで働くようになった。現在、これらの日系2世の日本国籍の回復を含めて様々な取り組みが行われているが、われわれはバナナやパイナップルなどの熱帯産果実の生産が、日系2世を含めた貧困層の犠牲のうえに成り立っていることにも目を向ける必要がある。

フィリピンには、世界の飢餓と貧困撲滅を目的に、発展途上国の稲作農家の所得の向上と低所得者の食生活の改善のために、アメリカのロックフェラー財団とフォード財団の共同出資によって、１９６０年に設立された国際米研究所（International Rice Research Institute、通称 IRRI）がある。マニラの南東65キロメートルにある国立フィリピン大学ロスバニオス校に隣接して開設された IRRI では、通常の２倍以上の収量があるミラクルライス（奇跡の米）と呼ばれた米の新品種が次々に開発され、発展途上国の食料問題の解決に大きく貢献した。いわゆる」「緑の革命（Green Revolution）」である。

フィリピンは貧富の格差の大きい国である。当時から３％の富裕層がフィリピンの富の90％以上を支配していると言われていた。農村には農地を持たない土地なし労働者が多い。フィリピンには、こういった土地なし労働者にも収穫の一部を分け与えるという独特の相互扶助的な慣習が残っていた。農村に商品経済が浸透するにしたがい、農村社会の運命共同体的な慣習も消滅しつつある。国連が掲げる〝貧困に終止符を打ち、すべての人が平和と豊かさを享受するための持続可能な開発目標（ＳＤＧｓ）〟を達成するには、まだまだ長い時間がかかりそうである。

豚の脳みそのオムレツ

フィリピン・バギオ

珍しいオムレツをご馳走しますと、二人の協力隊員に案内されたのが地元のレストランである。ここはフィリピン北部の都市バギオ市の近くにある小さな町である。実はこの町の町長さんは日系2世の残留孤児である。太平洋戦争末期、“I shall return”の名セリフを残してオーストラリアに撤退したアメリカのマッカーサー司令官率いる連合国軍が、フィリピンを奪還するために日本軍との間で激しい戦闘を展開した。このフィリピンの戦争で50万人以上の日本人兵士が戦死した。連合国軍の圧倒的な機動力に押された日本軍はミンダナオ島、レイテ島の海戦で敗退し、次第にルソン島北部へと追い詰められていった。この戦いで、多くの日系人がフィリピンに取り残された。町長さんもその一人である。

フィリピン第二の都市バギオ市は、夏の首都と呼ばれるように夏になると大統領府がそっくりこの町に引っ越すことでも知られている。名実共にフィリピンを代表する避暑地であるバギオ市は、フィリピンの軽井沢といったところである。標高８００メートルのバギオ市は緑が多く、市内の丘陵地帯には松の木が生えていることから〝パインシティイ〟とも呼ばれている。

私はフィリピンの歴史は詳しくない。１５７１年にスペインの植民地となり、３００年余りその支配下にあった。日本でも販売されているサンミゲル・ビールなどはスペイン時代の遺産のひとつである。その後、ホセリサールなどによる独立運動が起こったが、１９０２年から40年間はアメリカの支配下に置かれ、１９４６年に独立してフィリピン共和国が誕生した。日本との繋がりは古くは南蛮貿易でフィリピンと交易関係を築いたルソン助佐エ門や、明治時代から昭和前期にかけて、ミンダナオ島のダバオ市でマニラ麻の栽培に携わった日本人移民がいた。また太平洋戦争時には日本軍が一時的にフィリピンを占領し、連合国軍との激戦地になった。戦後30年が経ってから、ルバング島のジャングルから旧日本兵の小野田少尉が発見されて大きなニュースになった。

戦後のフィリピンと日本との関係は良好に推移している。フィリピンからのバナナやパイナップルやココナツなどの輸入を含めて経済関係も順調であり、日本で働くフィリピン人も多い。フィリピンには政府開発援助を含めて様々な分野に対する経済協力がおこなわれており、バギオで会った二人の海外協力隊員も発展途上国に対する国際協力の一環としてフィリピンに派遣されていた。

標高の高いバギオ市の周辺は、レタスの産地である長野県の川上村や野辺山や高原キャベツの産地として有名な群馬県の嬬恋村などと同じように、ルソン島の高原野菜の産地になっている。夏場のフィリピンは高温のために野菜の栽培が困難なことから、バギオ周辺で生産された野菜が首都マニラまで輸送されていた。バギオ市の奥の丘陵地を利用して野菜栽培で生計を立てている日系2世の家族が住んでいた。その家族を訪ねて話を聞いたことがある。収穫された野菜はバギオ市内の卸売市場に運んで販売しているが、値段が安いため、高値で販売できるマニラに出荷したいが、バギオからマニラとの間にはおよそ260キロメートル、車で3時間以上の距離があり、治安が良くない夜間に野菜をマニラ市まで輸送するには輸送コストを含めて様々なリスクがあると話していた。このため、数戸の農家が協力して輸送に取り組んでいると話していた。

レストランに着くと、白いお皿に乗ったオムレツが運ばれてきた。卵だけで作る普通のオムレツよりも厚みがあるように感じられた。ナイフで切ってフォークで口に運んだ。ふわっとして美味しい。これは何ですかと聞くと、二人は笑ってこれは豚の脳みそのオムレツですと答えた。珍しいものをご馳走するとだけしか聞いていなかったので一瞬驚いて声を出してしまったが、まさか豚の脳みそのオムレツだとは思わなかった。豚の脳みそのオムレツを食べたのは、それが最初で最後である。なぜフィリピンのバギオ地方で豚の脳みそのオムレツが食べられるようになったのか、その理由を聞いたような気がするがどうしても思い出せない。

中国

道教の聖地五岳のひとつ泰山

皇帝陛下の北京ダック

譬えはよくないが、中国の食を語るのに北京ダックに触れないのは和食を語るのに江戸前寿司を外すようなものである。その北京ダックの発祥が北京ではなく金稜（南京）だったと知って正直驚いた。アヒル料理が盛んだった金稜（南京）には、北宋時代から直火でアヒルを焼いて食べる料理法があり、明の第三代皇帝・永楽帝が南京から北京に都を移した時に、賓客をもてなす宮廷料理としてローストダックの調理法が北京に持ち込まれたというのが史実のようである。清の時代になって北京市内に北京ダックの専門店が現れて、市民の間に普及したのが現在の北京ダックだという。

最初に本場の北京ダックを食べたのは１９９６年の夏。場所は故宮（紫禁城）を正面にして、天安門広場を南に下った前門大街にある全聚徳。われわれ４人は二階の外国人用の席で、宮廷料理の北京ダックを注文した。この時に食べた北京ダックの味ははっきりとは憶えていないが、ちょっと脂っこかったと記憶している。その後も、北京に行った折に数回北京ダックを食べる機会があった。中国人の夫妻に連れて行ってもらった便宜坊というレストランの北京ダックは、さっぱりした味で美味しかった。次は、店の名前は覚えていないが、北京で働いていた日本人の知人に連れて行ってもらったレストランである。その北京ダックのレストランは、日系ホテルの長府宮飯店の裏通りの２階にあって日本人の接待にも利用されていたようであるが、味は悪くなかった。

私が食べた北京ダックの中では、北京飯店の近くの王府井書店の横の通りを少し入ったビルの２階にあるダック店が一番だと思う。嘗て皇族などの住まう住居（四合院）があった場所を王府と呼んでいたらしいが、清王朝が滅亡するまでラストエンペラー溥儀が暮らしていた故宮からも近い王府井は、その昔皇族方が住んでいた場所だったのかも知れない。北京の代表的な繁華街である王府井のダック店には、友人達とも数回足を運んだことがある。このレストランの北京ダックは、いつ食べても美味しいと思う。焼き具合が絶妙であり、脂っこくなくてさっぱりした感じである。カートに乗せて運ばれてくるダックは店の従業員が切り分けてくれるので、手の平に薄餅を広げて、甜麺醤のタレを塗ってその上にダックと細く切られたネギ、キュウリなどをのせてそれを右左から巻き込んで、タレがこぼれないように下の部分を上に折り返して食べるのがコツだそうである。

北京ダックを食べるだけの目的で北京を訪れる日本人がいると聞いたことがあるが、本場の北京ダックを堪能するとその話が決して誇張ではないように思われる。北京市内には、他にもきっと美味しい北京ダックを提供するレストランがたくさんあるのだろう。

このレストランでもう一つ特筆すべきなのが、この店では赤いチャイナ服に身を包んだ若い女性が細長い金属製のキュースでお茶を注いでくれることである。離れた場所からテーブルに置かれた湯呑にお茶を注ぐ技法は絶妙である。この北京ダックのレストランでは、北京ダックと他では滅多に見ることのできない中国茶の注ぎ方の両方を楽しむことができる。皇帝閣下がロースト・ダックで賓客をもてなすための作法として、軽業的なお茶の注ぎ方が生まれたのかも知れない。

お茶と言えば、王府井の通りの向かい側の老舗ホテル「北京飯店」の奥の別館の2階に、中国茶を飲ませるお茶の専門店があった。緑茶（ロンジン茶）、黒茶（プーアール茶）、青茶、黄茶、紅茶、ジャスミン茶など多種多様なお茶を楽しむことができる。

中国のお茶の文化は宗の時代に杭州の天目山にあった禅宗のお寺で起こったようである。今から800年以上前の鎌倉時代に、日本の禅宗のお坊さん達は競って中国に留学した。中国の禅寺ではお茶が宗教行事に使われており、日本の茶道とは異なったお茶の作法があったようである。あの高級茶器「天目茶碗」はここからきているという。室町から安土・桃山時代にかけて日本で茶道が勃興する前の鎌倉時代のことである。醤油や味噌、豆腐、麺などは、いずれも仏教とともに中国から日本に伝わったものである。北京に来て、改めて日本の食文化と中国の食文化の深いつながりを再認識することになった。

刀削麺と汾酒のコップ酒

――中国・山西省

中国映画「紅いコーリャン」などで有名な山西省に行ったのは、ある財団の研究助成によって日中の食文化の比較研究の調査を実施するためである。私達の食生活に欠かせない醤油、味噌、麺類、豆腐、酒造りなどの技法は仏教文化とともに、中国大陸から日本に伝わったものである。これらの食文化は数百年の歳月を経て、いまでは日本独自の食文化を形成するに至っている。

山西省は長安（現在の西安）とともに、アジアとヨーロッパを結ぶシルクロードの起点のひとつとして知られており、中華文明の「ゆりかご」と言われるほど多くの文化遺跡が残っている。南方（斥江省や福建省など）から運ばれてきた緑茶や絹織物や陶器などが、タクラマカン砂漠を越えて遠くペルシャ（現在のイラン）やトルコを経てヨーロッパに運ばれたのである。当時の山西省の栄華と財力を物語っているのが、世界遺産に登録されている「平遥古城」と、シルクロード貿易や金融業によって、巨額の財を成した大富豪達が築いた「民居」と呼ばれる大邸宅である。

省内には「尊家大院」「渠家大院」「王家大院」となど多くの「民居」が残っており、映画の撮影はもとより、貴重な観光資源として毎年数百万人規模の観光客を受け入れている。城壁で囲まれた「平遥古城」では、世界で最初に設立された銀行を見学することができる。地元の行政機関で働く方にお願いして、近くの農村にも案内していただいた。

山西省は、中国の石炭の４割を算出する石炭の大産地でもある。省内の道路は石炭を満載したトラックが砂埃をあげながら走っており、周りのトウモロコシ畑はトラックの砂埃を被って茶色に染まっている。雨量が少ないためなのか、土地が瘠せているのか、山西省のトウモロコシは山東省のトウモロコシに比べて背丈が低くて、貧弱に見える。訪問した普中郊外の農村には、大型トラクターやコンバインなどの大型農機具を所有し、近隣の農家の農作業を請け負っている大規模な農家があることに驚いた。立ち寄った一軒の農家では老人がひとり留守番をしていた。室内には白黒のテレビが置かれており、遠い日本からはるばる山西省に来た私のために、庭に実っていた柿の実をプレゼントしてくれた。山西省の農村に行って、急速に変化する中国社会の一端を垣間見ることができた。

その山西省で一番驚いたのは、その食文化の豊かさである。山西省には１８０とも２００とも言われる麺の種類があり、その麺の種類の豊富さと多彩な麺料理には感動した。その麺料理の代表格というか、最も特徴的なのが日本でもお馴染みの「刀削麺」である。沸騰した大きな鍋に小刀で麺を切り落としてゆくのが刀削麺である。２０００年代以降、この刀削麺を提供する店を東京都内の到る所で目にするようになった。驚いたのは、山西省で作られている麺がイタリアのパスタの形によく似ていることである。たとえば、ペンネやフェトチーネに似た麺を見た時にはその姿形にびっくりした。

私はこれらの麺が遥か昔に、シルクロードを通ってローマからボスポラス海峡を越えてペルシャ（イラン）からタクラマカン砂漠、カラコルム山脈を越えて、この地に伝わったのではないかと考えていたが、事実はその逆で、あのパスタに似た麺類は中国からシルクロードを経てローマにもたらされたものであることを知って驚いた。事実は小説よりも奇なりである。

もうひとつ、山西省の食文化を代表するものがある。それは食酢（ビネガー）である。嘗て韓国のレストランに行った時に、どの飲食店に入っても、必ずどのテーブルにも必ず「キムチ」の小皿が置かれていた（今はどうか判らないが?）。それと同じように、山西省のレストランや食事を摂る場所には、必ずテーブルに「お酢」の入った小瓶が置かれていた。注文した料理が運ばれてくると、麺だろうが炒め物だろうが構わずお酢をかける。山西省で「お酢」をかけない料理を食べることは、日本で「わさび」のない「刺身」を食べるようなものである。山西省の食事にお酢は欠かせない。どのような経緯から、山西省が中国最大のお酢の産地になったのか、機会があったらフォローアップ調査に行きたいと思いながら未だに実現していない。

山西省でいろんな方々からお話を伺う中で、省内には横浜中華街の一角に建立されている三国志で有名な関羽を祭った関帝廟などの歴史遺跡とともに多くの仏教遺跡が残っていることを知った。五台山は日本でも有名であるが、さらに、その昔法然和尚が修復したという浄土宗発祥の地「玄中寺」が、人里離れた山中にひっそりと建っていた。このお寺には、今も日本から訪れる浄土宗の信徒が多いと見られ、寺には遠く日本から運ばれてきた「お供え物」が飾られていた。

山西省の調査を終えて、いよいよ明日は日本に帰国するという最後の夜に、お世話になった地元の行政機関の方が一人の年配の男性を案内してこられた。いろいろ話してみると、その男性はこの地方の農業関係の名士であり、日本との交流が深いことが判った。

中国では、1949年の建国以来様々なスローガンが掲げられてきた。北京の天安門広場には、いまも毛沢東主席の肖像とともに「中華人民共和国万歳」「世界人民大団結万歳」のスローガンが掲げられている。1956年には「百花斉放、百家争鳴」、1964年には「工業は大慶に学べ、「農業は大寨に学べ」というスローガンがあった。「農業は大寨に学べ」というスローガンは、当時の毛沢東主席が山西省の昔陽県にあった大寨人民公社の集団農業を絶賛し、そのリーダーだった陳永貴は副首相に抜擢された。その後、鄭小平の改革開放政策によって集団農業は否定された。嘗て日本の農業界を代表するような偉い先生方が、調査や視察に大寨に来られたのである。○○大学の○○先生、○○先生、○○大学の○○先生、○○大学の○○先生、○○大学の○○先生、○○先生。著名な先生方の名前が次から次に出てきた。

山西省最後の夜ということで、食卓には南北朝時代（420〜581）から造られているという山西省の銘酒「汾酒」が用意されていた。「汾酒」は雑穀の高粱（コウリャン）を原料にした蒸留酒であり、白酒（バイチュー）の一種である。茅台（マオタイ）酒のような独特の強い匂いはないが、アルコール度数は40度から50度と強い。中国各地に行くたびに、歓迎の席では必ず白酒が出て宴席に参加している全員と小さな杯で乾杯（カンペイ）をするのが、中国のならわしである。最初は小さな杯で飲み始めたが、相手の男性は剛の者である。次第に「汾酒」が進むうちに、レストランの従業員にグラス（コップ）を持ってくるように指示された。やむなく40〜50度の汾酒をコップで飲まざるを得なくなってしまった。白酒のコップ酒は初めての経験である。このコップ酒にはほとほと困ってしまった。その後どうなったのかよく覚えていない。

麻婆豆腐と赤トウガラシ

中国・成都

麻婆豆腐、回鍋肉、坦坦麺、辣子鶏、日本でも人気の高い料理である。これらの料理はいずれも山東料理、江蘇料理、広東料理とともに、中国4大料理のひとつ四川料理のメニューの一部である。一説によると、四川料理のメニューの数は2000とも3000とも言われており、数ある中国料理の中でも群を抜いている。この四川料理に欠かせないのが、唐辛子と花椒（ホアジャオ）と呼ばれる山椒が合体してできた「麻辣（マーラー）」である。麻辣なくして四川料理は存在しないと言っても過言ではない。

四川省の成都に行ったのは、国営企業が圧倒的な割合を占める中国にあって、民間（私営）企業（以下、私営企業という）として先駆的な役割を果たした希望集団の原点となった飼料工場を見るためである。希望集団は、劉三兄弟が僅かな資金を元手に設立した私営企業である。現在では、アリババ（阿里巴巴集団）やファーウェイ（華為技術、ＨＵＡＷＥＩ）などなどグローバルに事業を展開する中国の私営企業は枚挙に暇がないが、１９８０年代の中国では希望集団のような私営企業は皆無に近かった。

三国志で有名な成都のある四川省は、古くから養豚業の盛んな地域である。中国料理にとって豚肉は牛肉や鶏肉以上に重要な食材であり、このため四川省では豚を飼育するための飼料の需要が大きかった。そこに着目した劉三兄弟は、腕時計や身の回りの品を現金に代えて、それを元手に飼料工場を始めた。狙いは見事に当たり、希望集団と名付けられたこの私営企業は瞬く間に急成長した。この若い企業家達による民営企業の成功は話題となり、日本のマスコミにも取り上げられたほどである。その後、希望集団は本社を上海に移して、不動産や印刷や自転車など多角的な事業を展開するようになっており、社名も新希望集団に改名されている。

１９８２年に、劉３兄弟が創業した成都郊外の飼料工場は、私が訪問した２０１０年にも稼働していた。管理責任者の工場長の話によると、飼料工場は電力料金の高い昼間の時間を避けて、料金が割安となる夜間に稼働しているという。工場の中にはトウモロコシや大豆などの原料とともに、バラ積みされた飼料がうず高く積まれていた。飼料工場を後にして成都市内に戻った。成都に戻って八賓街の近くの悦来餃子館というレストランで夕食を摂ることにした。レストランの店内はバケツをひっくり返したような大変な賑いであり、高度成長を謳歌する中国を象徴するように活気に溢れていた。

成都市内には、日本でもお馴染みの麻婆豆腐の元祖と云われる「陳麻婆豆腐店」の本店がある。2日目の夜は陳麻婆豆腐店で夕食を摂ることにした。陳麻婆豆腐店は成都中心部と成都駅の間ぐらいの場所にあり、成都駅から人民北路を左折し、環路北三段を右折した開放路に面している。運良く予約なしで店内に入ることができた。定番の麻婆豆腐とビールを注文した。途中から案内役の中国人学生のガールフレンドが合流した。聞けば二人は遼寧省の大学の同級生だという。彼女は中国南部の景勝地で世界遺産にも登録されている「桂林」の出身であり、いまは成都市の企業で働いているという。華僑を生んだ中国人の活動範囲は極めて広い。嘗て深圳に行った時にも、遙か遠くの黒龍江省のハルピンから働きに来ているという若者に会ったことがある。日本の広告会社に勤務していた北京出身の女性の兄は南アフリカで働いていると聞いたことがある。

陳麻婆豆腐の本店で食べるという期待感が大きすぎたためか、私の舌が鈍感だったのか、元祖の店で味わった麻婆豆腐は日本で食べる麻婆豆腐とそれほど大きな違いがあるようには感じられなかった。パスタではないが、本場イタリアのパスタよりも日本のパスタの方が美味しいと言われるように、麻婆豆腐も日本でも日常的に食べられるようになっており、私の舌が日本の麻婆豆腐の味に馴染んでいたのかも知れない。

もとより麻婆豆腐だけが四川料理ではない。私達が日本で食べている料理だけでも十指にのぼる。

日本でも人気の「火鍋」も四川料理のひとつである。成都は「火鍋の首都」と呼ばれるほど、火鍋店が多いことでも知られている。さらに豆花（ドウファー）、鉢鉢鶏（ボウボウジー）、紅油餃子（ホウヨウチャオズ）なども定番料理のひとつである。この四川料理に欠かせないのが赤トウガラシと山椒である。トウガラシは油で熱して、香りを引き出すのが料理のポイントだそうである。

四川省は上野動物園で人気のあのパンダの生息地としても知られており、日本の大学とも交流の深い四川パンダ繁殖研究基地がある。翌日は、２２００年以上の歴史を持った水利施設「都江堰」を見学した。さらにその西にある道教の聖地のひとつで、標高１６００メートルの「青城山」に登った。成都と青城山を車で往復する途中で、真っ赤なトウガラシを満載した数台の大型トラックに遭遇した。さすがは四川省である。この赤トウガラシなしには四川料理は成り立たないのである。

この真っ赤に色づいたメキシコ原産の唐辛子が四川省に伝わったのは17世紀だというから、そんなに古い話ではない。トウガラシも遙か遠くのメキシコから大西洋を渡ってヨーロッパに渡来し、その後シルクロードを経てこの地にもたらされたものである。メキシコ原産の赤トウガラシは、数千キロという気の遠くなるような長い距離を旅してこの四川省にたどり着いたのである。成都で味わった四川料理は、改めて食と食材の深い関係を考える機会を与えてくれた貴重な旅だった。

八福神と煙台ワインと三陸産のなまこ

——中国・山東省

黄海と渤海湾に突き出した山東半島には、芋洗い洗濯機のヒットで一躍有名になった総合家電メーカーのハイアール（Ｈａｉｅｒ）や、中国最大のビール会社である青島ビールの本社がある。日本の総合スーパーチェーン・イオン（ＪＵＳＣＯ）は、１９９０年代の半ばに青島市に進出し、現在も営業している。青島市（人口およそ９００万人）は嘗てドイツの租界（植民地）だったことから、旧市街にはいまもドイツ時代の街並みと建物が残っており、観光客で賑わっている。

中国のカリフォルニアにも例えられる山東省は、温暖な気候を活かした野菜や果物の生産が盛んである。青島市の隣にある中国で最大規模の青果物の地方卸売市場である寿光農産品卸売市場で取引される野菜や果物は中国全土に搬送されている。

外食産業や中食産業が急成長した1970年代の半ばから1990年代の日本では、安価で規格化された大量の加工食材が必要となり、折からの改革開放政策による外資導入によって山東省に進出した250社を越える日系の食品企業は、増大する外食・中食用の食材の供給に大きな役割を果たした。その中心都市が大きな港湾設備を備えた青島市だった。

その青島市の反対側には葡萄やリンゴの生産で有名な煙台市がある。煙台市は人口およそ700万人、明の時代に倭寇（日本の海賊）の襲撃に備えて「狼煙（のろし）台」が建てられたことから、それが地名になったと言われている。この煙台は古くからリンゴや缶詰などの産地として知られているが、2000年代以降はむしろ中国を代表するワインの産地として有名である。

正確な数は把握できないが、煙台市から蓬来市にかけて大小およそ80程度のワイナリーがあると言われており、中でも、1892年創業と中国で最も古いワイナリーと言われる張裕（チャンユー）と長城ワイナリーが有名である。その張裕ワイナリーは、2017年に、観光施設などを備えた総面積406ヘクタールのワインのテーマ・パーク「ワイン・シテイ」をオープンした。なにしろ中国はすべてにおいてスケールが大きく、煙台市には360ホールの巨大なゴルフ場がある。

渤海湾に面したこの一帯は地中海性気候で雨が少なく葡萄の栽培に適していることから、中国最大のワインの産地になっている。2012年に初めて煙台に行った時に、知り合いの副市長さんの紹介で長城ワインに連れて行っていただいた。総面積1000ヘクタールとも言われる広大なブドウ畑の真ん中に、ヨーロッパ風の真っ白なシャトーとホテルが建っていた。広大なブドウ園と瀟洒なシャトーを見た時には、ここはほんとに中国だろうかとわが目を疑った。シャトーの地下室には醸造されたワインが貯蔵されていた。醸造されたワインは主に中国国内に出荷されており、一部香港などにも輸出されているという。

ワイナリーとブドウ園を見学した後に、シャトーの2階にあるレストランに案内された。地元の蓬来市の副市長さんの招待である。料理は煙台の赤ワインに合うフランス料理だった。そのメインデイッシュに、三陸沖で獲れたという〝なまこ〟が出てきたのにはびっくりした。乾燥した日本産のなまこを一旦水で戻して柔らかくし、シンプルに味付けしたものであり、真っ白なお皿のうえになまこがそのままの形で出てきた。中国ではなまこが高級食材として人気が高いことは聞いていたが、まさか国営の長城ワイナリーのレストランで三陸産のなまこをご馳走になるとは思わなかった。「食」との出会いには、こういった予期しない偶然がある。

長城ワイナリーを後にして、午後から向かったのが蓬莱市の蓬莱閣である。渤海湾に面した蓬莱閣は、海の見える頂上の寺院に上るのにかなり険しい階段を登らなければならない。案内して下さった地元の方によると、この寺院には「八福神」が祭ってあるという。この寺院に祭られている八福神が、海を渡って日本に渡来したのが日本の七福神だという。なぜ日本は八福神じゃなくて七福神なのかその理由を聞くと、実は日本に行く途中で海神様だけが海に落ちて海中に留まったため、日本に渡ったのは七福神だけになったという。この話はこの地に伝わる逸話なのか、実話なのか確かめようがないが、確かに蓬莱閣には八福神が鎮座されていた。煙台ワインとナマコと八福神との出会いは、忘れ難い貴重な思い出となった。

翌日、日本に冷凍食品を輸出している中国最大の郷鎮企業である龍大食品と、神戸に本社のある日系の食品工場を訪問した。社長さんから他社の食品事故の影響を受けて、日本向けの輸出が停止している会社の窮状についてお話を伺った。途中、アサヒビールが煙台市の郊外で経営している農業法人「アサヒ緑源」にも立ち寄った。アサヒ緑源では、豪州（オーストラリア）から約1000頭の乳牛を輸入して、牛乳の生産とイチゴの栽培をおこなっていた。ちょうど煙台に行った時期は、日中双方で食の安全性に関わる事故や事件が頻発している時期だったこともあって、日中の食品貿易の難しさと食品安全の重要性を痛感させられた。

中国第一の名山「泰山」と安丘のブランドネギ
——中国・山東省

山東省の西方にある省都斉南市と泰安市の中間に位置する「泰山」は、中国の歴代皇帝が封禅の儀式をおこなった中国第一の名山と言われている。世界文化遺産にも登録されている泰山のもう一つの顔が、道教の総本山である。このため、中国国内はもとより世界中から泰山を詣でる華僑や外国在住の中国人があとを絶たない。

泰山には北京駅からの直通電車もあるが、私達は北京から斉南空港まで飛行機を利用した。泰山には途中の中天門から南天門までロープウエイが建設されており、ロープウエイを降りてから徒歩でおよそ30分で頂上の玉皇頂に到着する。眼下には華北平原が広がっており、頂上から眺めは絶景である。中国では泰山の小石を持ち帰るとご利益があるという言伝えがあるらしく、小石を拾っている人を数人見掛けた。

私達一行は、斉南空港から手配してあったワンボックスカーに乗り込んで、章丘、昌楽、安丘、維坊、寿光、莱陽など山東半島を一周してから泰安に一泊し、翌日、泰山に登った。さらにその翌日には世界遺産「孔子廟」のある曲阜を訪ねた。

泰山のある山東省は、中国のカリフォルニアに例えられる中国第一の農業省である。その農業生産額は中国最大である。寿光では、当時の中国で最大と言われた寿光市の青果物卸売市場を見学した。卸売市場に到着した時には既に野菜などの取引は終了しており、広大な卸売市場内はガランとしていた。市場の中で休んでいると、どこからともなく、リヤカーに西瓜（スイカ）を積んだおばあちゃんが現れた。もう取引は終わったよ、どこから来たのと聞くと、この近くの村から来たらしい。卸売市場に買付に来る人達にスイカを売るつもりだったらしい。そのスイカを1個だけ買って皆で食べることにした。

この季節になると中国のどの農村地帯でも、道端で爆弾のような黒っぽい色をしたスイカを売っている風景に出くわすことが多い。ホテルやレストランの食事のあとのデザートには、必ずスイカが出てくる。日本のスイカほど甘くはないが、デザートにはちょうど良い甘さである。

寿光の卸売市場を後にして、次に向かったのがブランドねぎの産地として有名な安丘市である。あらかじめ連絡してあった安丘市役所（市人民政府）を訪ねると、野菜担当の女性の課長さんと男性職員が安丘ネギの圃場を案内してくれるという。案内されたネギの畑では、ネギ農家が家族でネギの収穫作業をしている最中だった。安丘ネギは中国国内でも甘くて美味しいブランドネギとして有名である。日本で言うなら、埼玉県の深谷ネギや群馬県の下仁多ネギか、それ以上の存在である。採りたての安丘ネギをその場で試食させていただいたが、ネギ特有の辛みがなくとても甘く感じられた。量は少ないが、日本にも輸出しているという。

安丘を後にして泰山の麓の町である泰安市に移動し、翌日、中国第一の名山「泰山」に登った。登山道のあちこちに新鮮な安丘ネギに、この地方で作られている味噌を塗って食べさせる屋台が軒を並べていた。日本流に言うと、お酒のお摘みにネギの一種であるエシャレットに金山寺味噌を塗って食べるのに似ている。広く中国で安丘ネギが知られるようになったのには、泰山を訪れる観光客に対してネギを販売する屋台（フードコート）の存在が大きかったのではないか。いま風に言うならば、ネギのファスト・フード店の存在とそこでのＰＲ効果が安丘ネギのブランド化に大きく貢献したのではないかと思われる。

泰山の麓には一本の井戸がある。この水は神聖な水だという。案内してくれた中国の学生さんが私のペットボトルの水を捨てて、代わりにこの神聖な水を汲んでくれた。泰山を後にして、論語で有名な孔子のふるさと曲阜に行くことにした。この時点では、まだ孔子の館「孔子廟」は世界遺産には登録されていなかったが、登録の準備が進んでいる様子だった。広い敷地内には一の門、二の門、三の門、四、五、六の門があり、門の中には歴史的な建造物が数多く残されていた。査壇と書かれた額の掛かっている建物が、弟子たちに学問を教えた場所（教室）らしい。比較するのはおこがましいが、さしずめ幕末の長州藩で藩士たちを教育した萩の「松下村塾」に相当する私塾である。

曲阜から斉南に戻り、そこから上海に移動した。途中、泰山の麓で汲んでもらったペットボトルの水を飲んだ。その後、3日間、強烈な腹痛と下痢に見舞われ七転八倒した。硬水に慣れていない私の胃袋が拒絶反能を起こしたらしい。

やおとん（窰洞）とうなぎ料理

——中国・河南省

河南省の省都鄭州市までは、上海から飛行機で1時間30分の距離である。青海省を源流とする大河黄河は、河南省を横断して渤海湾に注いでいる。全長6000キロに及ぶ黄河流域は、嘗てエジプト文明、ミソポタミア文明、インダス文明と並んで世界の四大文明の発祥の地とされている。2000年代の初めに、日本の学術調査隊が上海に注ぐ長江文明が森と水の循環系を守る「稲作漁労型」の文明であったのに対して、黄河文明は森と水の循環系を破壊する「畑作牧畜型」の文明であったことを明らかにした（梅原猛他著『長江文明の探究』）。

その昔、「中原（中華文明の発祥地である黄河中下流域の平原地帯—華北平原—を指している）を征する者が中国を征す」と言われるほど、黄河の水利に恵まれたこの地域は豊かな穀倉地帯だった。

此処には、その所有する農地のあまりの広さに、この地を訪れた西太后が驚嘆したという逸話があるほど、広大な農地を所有する大地主がいたと言われている。現在もこの地域は、中国有数の穀倉地帯として米や小麦やトウモロコシなどが栽培されている。

河南省に行ったのは、黄河とその周辺を調査するためである。当時、黄河では水量が少なく川の水が流れない「断流」と呼ばれる現象が起きていた。なぜこのような現象が起きるのか、それを確かめるために、土壌と水の二人の環境専門家と一緒に鄭州に向かった。鄭州では日本に留学経験のある現地の大学教授に依頼して、調査先と車の手配をお願いした。初日は車で近くの黄河に足を運んだ。黄河はその名に違わず黄色く濁った水が流れていた。対岸までどのぐらいの距離があるのか目測では判断しづらいが、長江に比べると川幅はそんなに広くはない。概ね3～4キロ程度と思われた。

夜は旧知の大学教授が私達3人の歓迎会を開いてくれた。宿泊したホテルは、現地では中級レベルのホテルであったが次々に運ばれてくる料理は、今までに食べたどの地方の料理よりも美味しく感じられた。料理の素晴らしさを褒めると、実は歴代皇帝や貴族の料理人の多くがこの地方から出ているという。例によって、白酒を奨められた私達は酩酊してしまった。

翌日は、事前に予約してあった河南省の黄河管理委員会を訪問した。鄭州には中央政府直轄の黄河管理委員会と省政府の黄河管理委員会の二つの組織があり、黄河および流域の水管理を行っている。我々が訪問した河南省の黄河管理委員会は、30階建ての立派なビルだった。管理委員会トップの共産党書記を表敬訪問した後、担当部長から黄河断流の原因や流域の水の管理状況や資源環境の変化等について話を聞くことができた。

大まかに言うと、急速な経済発展によって黄河流域での工業用水、農業用水、生活用水などの水の需要が3倍近くにも増えたことが、「断流」の直接的な原因だということが判った。黄河流域には華南省だけでも1億人が暮らしている。恐らく黄河流域全体の人口は、数億人に達するものと思われる。翌日は、サンプルとなる黄河の水を採取したり、流域の農村を車で回って農業と水利用の変化などについてヒアリング調査を行った。その次の日は、鄭州から牡丹の原産地として有名な洛陽を通って、さらにその奥の農村地帯に今も残っているという窰洞（やおとん）に案内してもらうことになった。

やおとん（窰洞）は、黄土高原を中心に、狭西省北部、甘粛省東部、山西省中南部、河南省西部の農村地帯に堆積する黄土層の崩れにくい土を削って造った洞穴状の住居であり、夏は涼しく、冬は暖かい構造になっている。案内していただいたのは、これから向かうやおとんのある農村に近い市（人民政府）の元市長さんである。中国の市政府の市長さんというと何となく堅苦しいイメージがあるが、この元市長さんは非常にジェントルで優しい方だった。はっきりとは憶えていないが、洛陽を過ぎて候馬（ホウマ）あたりの農村まで行ったのではないかと思う。町を通り過ぎて、車はやおとんのある農村に入っていった。このあたりはそれほど標高は高くない。

車を止めて一軒の農家に入っていった。そこには老夫婦が暮らしており、子供達は昼間は町に働きに行っているという。やおとんの隣りには鉄筋コンクリートの住宅が建っており、息子の家族が住んでいるという。老夫婦が住んでいるやおとんは、予想していたよりも広くて奇麗だった。中にはテレビなどの家電製品が置かれており、われわれが行った時にはコンクリート造りの隣の息子の家の屋上に、数種類の豆を天日干ししているところだった。なにを干しているのですかと聞くと、人の良い老人は干してある豆をお土産代りに持って行けという。日本に入国する際に植物検疫に引っ掛かってしまう可能性があるので固辞したが、どうしても持って行けというので、結局スーツケースの下に押し込んで日本まで持ち帰った。

やおとんを後にして、鄭州に帰る途中、川に面した小さな町で遅い昼食兼夕食を摂ることになった。レストランに入って、元市長さんが従業員の男性を呼んで何事が言うと、暫くして大きな麻袋も持った従業員が私達の席に帰ってきた。麻袋の中には何か入っているようで、どうやらウナギのようである。従業員はこれでいいかどうか、元市長に確認してもらっているようだった。麻袋の中を覗き込んで中味を確認した元市長は、うなぎ料理と他の料理を次々に注文した。暫くして、近くの川で獲れたと思われる鯉のような大きな淡水魚を油で揚げた料理や、付き出しみたいな料理が次々に運ばれてきた。最初にビールで乾杯した。次に白酒が運ばれてきた。大きな魚の頭の方に座っている人は2杯、尻尾の方の人は1杯飲まなければいけない、と言って次々に白酒を飲まされた。

やがてメイン・デイッシュの鰻が運ばれてきていよいよ宴たけなわになった。元市長が使用している箸を手で隠して、その数を言い当てる余興を始めた。これは高知県では、土佐げんと呼ばれて男たちが酒を飲むための余興である。外れた方が飲まなければならないしきたりである。こうして勝ち負けを争ってお互いに酒を飲むのである。今はこうした風習が残っているかどうか判らないが、嘗ては、正月とか祝い事の席では必ず行われたもののようである。幼いころ、箸の代わりに短く切った木や竹を使って相手の掌に隠れた数を言い当てる余興が、私の郷里でも行われていたと記憶している。こうなるともう目の前の料理どころではない。あの時に何を食べたのか、ウナギ料理とその味をすっかり忘れてしまった。

豫園のショウロンポー

中国・上海

東洋のマンハッタン「上海」の高層ビル群と近代的な繁華街に生まれ変わった南京路とは趣を異にするのが、旧い上海の情景と人情に出会える豫園と豫園商城である。豫園は旧城内の中心部に位置しており、その手前には豫園商城と呼ばれるレトロな商店街がある。東京でいうなら浅草の仲店商店街と言ったところだが、浅草の仲店商店街よりも規模が大きくて変化に富んでいる。最初に豫園に行ったのは1995年の夏だった。

北京から天津に移動して、農産物の貿易会社やネスレの進出予定地や、大規模な改修工事がおこなわれていた天津港などを見学した。天津ではお世話になった貿易会社の社長さん（総経理）が食事に招待してくれたのはいいが、当時、中国で流行り始めていたカラオケで京劇を歌い始めてなかなか解放してくれなくて困った。北京空港までは、天津市内で知り合ったオート三輪車の運転手が送ってくれることになったが、オート三輪は高速道路でもスピードが出ないため、天津から北京空港まで4時間半もかかってしまった。北京空港に到着したのは上海行きの飛行機の出発時間ぎりぎりで冷や汗の連続だった。

いま想うと、あの頃は北京も天津も古き中国のよさが残っており、出会った人達も皆親切で人情味に溢れていた。上海の虹橋空港に着いて静安区に予約してあったホテルに向かった。当時の上海には今のような高層ビルはひとつもなかった。高い建物といえば、黄浦江の向かい側の浦東に聳える東方明珠のテレビ塔だけだった。上海市内は高層ビルの建設ラッシュの真っただ中で、街中が古い建物の解体工事で埃っぽかった。

ホテルから豫園までは、延安中路、延安東路、金稜路へと進み、河南南路との交差点を右折した人民路近くの一帯が豫園商城である。その奥に華東の名園と言われる豫園がある。

豫園は上海観光のもうひとつのハイライトである外灘（ワイタン）にも近い。南京東路と中山東路が交差する黄浦江に面した一帯が外灘と呼ばれており、黄浦江の対岸の浦東に建設された高層ビル群を望む外灘の夜景は一見の価値がある。

アヘン戦争による南京条約（１８４２年）で開港を余儀なくされた上海の外灘は、英国、フランスの租界として、その後１８４８年にはアメリカの租界が、１８６３年には英米両国の共同租界として発展した。英国が中国に上海の開港を求めたのは、上海が豊かな江南地方の中心に位置し、長江という水上交通の要衝にあったこと、そして中国最大の輸出品であった茶の産地に近かったことがその理由だと言われている。現在の福州路の一帯は戦前、戦後「上海ブルース」や「上海帰りのリル」といった日本の歌謡曲に登場するクラブやキャバレー、ダンスホールなどの歓楽街があった四馬路（スマロ）である。銀行、ホテル、高級商店などが立ち並ぶ外灘は、当時の日本人にとっては夢のような世界だった。中国でありながら中国人が入ることの許されない〝中国の中の外国〟であった租界の置かれた上海は、その後民族解放運動の拠点となり、中国共産党はこの上海で結成されている。

豫園には上海に行くたびに同僚や知人と数回足を運んだ。豫園の見どころは武康石でできた重さ2万2000トンの大假山と、周囲の壁の瓦が龍の頭とウロコでできていることである。

豫園を一巡りして案内されたのが、豫園の入り口にある湖心亭茶室である。当時、この湖心亭のショウロンポー（小籠包）が名物だという地元の方のお勧めにより、長蛇の列に並んで1時間半待ちでそのショウロンポーをご馳走になった。上海が起源だと言われているショウロンポーは、豚のひき肉を薄い小麦粉の皮で包んで蒸籠で蒸した包子であり、われわれ日本人から見ると肉汁がたっぷり入ったショウロンポーが美味い小籠包と言ったイメージがある。しかし、私が覚えている湖心亭茶室のショウロンポーは、あまりジューシーでなかったような感じがする。湖心亭のショウロンポーはその後どうなったか判らない。

豫園の前の豫園商城は変化に富んだ街である。入り組んだ路地には、ワンタン、水餃子と言った点心類やさっぱり味の上海料理を食べさせてくれる飲食店も多く、ウインドウショッピングで友人や家族に渡すお土産を探したり、骨董品や宝石や印鑑などに興味のある人は地下に骨董品などを扱う店も多い。私は地下の骨董店のおばさんが奨めてくれた縁起物だという可愛い五匹の子ブタの置物を買ったことがある。金持ちになれると勧められたが、今もって金持ちには縁遠い生活をしている。

それにしても、私が最初に行った１９９５年の上海と現在の上海はまったく別の街になってしまった。いま上海は国内総生産の１割を占める中国第一の最も豊かな都市になっている。いつ頃だったか、内陸部の貧しい村の村長さんが上海を見て、自分の村とのあまりの大きな経済格差に驚愕して村をあげて乞食に来たという話を聞いたことがある。上海は現代のチャイナ・ドリームを実現することのできる夢の都市なのかも知れない。

世界文化遺産西湖と龍井（ロンジン）茶

中国・杭州

上海南駅から西へ200キロメートル、特快列車で約2時間。西湖の畔に中国六大古都のひとつ杭州市がある。いまでは上海から中国鉄路高速（新幹線）で1時間弱で行くことができる。

杭州は五代十国時代の都、南宋の都として栄えた歴史がある。1995－1996年版の旅行ガイドブックによると、天に極楽があるように、地に蘇州・杭州あり、と詠われ、その美しさゆえに、古来〝地上の楽園〟と称されてきたのが、ここ杭州。と書かれてある。

北京、上海は別格として、私が行ったことのある中国の都市の中で、景観や自然環境などから見て、福建省の厦門（シアメン）、山東省の青島（チンタオ）、遼寧省の大連（ダーリエン）、そしてここ浙江省の杭州（ハンジョウ）の4つの都市が傑出しているように思われる。厦門、青島、大連の3つの都市がいずれも海に面していることや、これらの都市が改革開放政策以降に急速に都市整備がすすんだのに対して、海のない内陸の古都杭州は他の三つの都市とは趣を異にしている。

私が最初に杭州に行った1990年代の半ば頃から2000年代の半ばにかけては、西湖の畔にある杭州には落ち着きと静寂さがあった。しかし経済発展の結果、多くの中国人観光客が日本に押し寄せるように、ここ杭州にも中国各地から大勢の観光客が殺到するようになり、西湖の畔には、新しいホテルやレストランやバーや土産物店などが次々に建設され、町が騒然となってきた。しかしそれは経済発展がもたらす必然的な結果であり、とくに驚くべきことではない。上海や北京や中国の他の大都市に比べたらまだマシな方かも知れない。高度成長期の東京や京都や湘南海岸でも同じような現象が起きた。

杭州には、中国第一の銘茶と言われる龍井（ロンジン）茶の調査と日本食の調査で4回ほど行く機会があった。杭州市のある斥江省は南西部が高い山地で、中部地域が丘陵地帯であることから、静岡県と同じように傾斜地を利用したお茶の栽培が盛んであり、中国最大のお茶の産地になっている。中国は世界の緑茶生産量の88％、輸出量の76％を占める緑茶大国である。

中国茶は、大まかに、緑茶（不発酵茶）、白茶（弱発酵茶）、黄茶（弱後発酵茶）、青茶（半発酵茶）、黒茶（後発酵茶）、紅茶（完全発酵茶）の6つに分類されており、これらの6つのカテゴリーは産地や茶樹の品種や製造方法などによってさらに細分化されている。中国茶の産地はすべて黄河の南の地域に位置しており、江北茶区、江南茶区、華南茶区、西南茶区の4つの地域に分けられている。中でも、江南茶区の代表的な産地である斥江省は中国全土の茶研究の中心地にもなっている。中国有数の名門大学である斥江大学には、中国で唯一の茶学系の教育部門とお茶の研究所が設置されている。斥江大学では、お茶の品種改良や品質向上などの研究と同時に、省内のお茶栽培農家に対して栽培技術の指導などの普及活動にも取り組んでいる。その杭州市の隣の龍井村で生産されているのが、緑茶の最高峰と言われる高級ブランド茶の龍井（ロンジン）茶である。龍井茶の産地である龍井村は、杭州駅から河坊路を西湖に沿って走っている南山路を西に移動して南湖のあたりから左折して虎砲路を登った小高い丘の上にある。正確な数は判らないが１５０～２００戸程度の農家がなだらかな丘陵地の斜面を利用した茶畑で緑茶の栽培と茶葉の加工、販売をおこなっている。丘の上の龍井村の中心部には、製茶した龍井茶の茶葉を販売したり、喫茶施設を兼ねた15～20軒ぐらいの茶屋が営業しており、訪れる観光客も多い。龍井村のバス停の近くには表面張力が強いことで有名な龍井の水を汲み上げる井戸があり、お金を払うと井戸汲みを体験することができる。

日本ではサントリーのテレビコマーシャルの影響もあって、中国で飲まれてるお茶は福建省産のウーロン茶（黒茶）と誤解されがちであるが、中国でもっとも多く飲まれているのは日本と同じ緑茶である。上海に事務所を構える日本企業の駐在員の方が親しくしているというお茶農家で、平らな茶葉に特徴のある龍井茶を飲ませてもらったことがあるが、苦みや癖がなくまろやかな味がした。龍井村から西湖に向かう山の途中には、中国茶葉博物館と見学用の茶園が設置されており、中国茶の歴史と製造工程などを学ぶことができる。

杭州市郊外の天目山の周辺は仏教のお寺が多く、天台山の国清寺は天台宗発祥の地と言われている。今から1200年前の800年代に国清寺で修行した最澄上人は、日本に帰国した後天台宗を開いた。さらに800年前の1220年に天童寺で中国禅宗五家のひとつ曹洞宗の禅法を伝承した道元禅師は、永平寺を創建し曹洞宗を開くなど西湖の周辺は日本と深いつながりがある。日本の茶道に欠かせない高級茶器の天目茶碗は、もともと天目山のお寺で日常的に使われていた茶碗だと言われている。

西湖の西には、世界最大級の釈迦如来像が安置されている霊隠寺がある。荘厳な寺院の寺内には大きな釣鐘があり、自由に鐘を打つことができる。

中国最大のＩＴ企業アリババ（阿里巴巴）の本社や、アサヒビールの工場などが進出した現在の杭州市からは、嘗てこの地が仏教の聖地だったことは想像し難くなっている。

さらに杭州の西方には、うるち米から作られる醸造酒（黄酒）の産地の紹興市がある。運河とクリークの多い紹興市は東方のベニスとも呼ばれており、紹興酒は鑑湖の澄んだ水から造られている。黄酒の代表格が老酒（ラオチュー）であり、紹興で造られたことから紹興酒と呼ばれるようになったという。紹興市に近い慈恵という町に日本向けに冷凍食品を輸出している海通集団という企業があり、そこに行く時に紹興市を通ったことがある。さらに東シナ海に向かって走ると、中国で最も資本主義

151　中国

的と言われる私営企業（郷鎮企業）の先進地で、中国の近江商人と言われる温州商人の町温州がある。そしてその遙か向こうにはジャンク船を操って世界中と交易した華僑の故郷福建省の泉州市や中国、台湾双方の民族的英雄である鄭成功（母は日本人）の活動拠点だった厦門市がある。

ハルピン・ビールと水餃子

——中国・蛤弥濱

黒龍江省のハルピン（蛤弥濱、蛤弥浜）に行ったのは1997年の夏である。ハルピンには北京から飛行機で移動した。ハルピン郊外にある東北農業大学の呂（Luo）先生に会うためである。事前に訪問目的を連絡してあったが、到着してみると呂先生は出張先の福建省で体調を崩されて、福建省の病院に入院されていた。呂先生の研究室の大学院生の手助けによって、入院中の先生と電話で話すことができた。呂先生のご配慮により、研究室の大学院生2名が、私と同伴者をハルピン市内を案内してくれることになった。

ロシアと国境を接し、歴史的にロシアとの交流が盛んだったハルピン市内には、リトル・モスクワ（Little Moscow）というロシア人街がある。ロシア人街にはロシア料理を提供するレストランやロシア時代の影響を受けたビールの文化が残っており、ハルピン市内のビールの消費量は中国一だという。飲み口の良いハルピン・ビールは中国でも人気のブランドのひとつであり、ハルピン市のビールの消費量はミュンヘン、モスクワに次いで世界第3位だという。

中央大街（旧キタイスヤカ）を中心にハルピン市内を見学した後、院生にお願いして農村を案内してもらうことにした。最初に訪問したのは、ハルピン市内から車で小一時間ほどの場所にある国営農場である。中国建国後、黒龍江省には多くの国営農場が建設され食糧増産が図られた。いまでは黒龍江省を中心とした中国東北地方は、工業化と都市化が進んだ沿海地方に代わって中国最大の食料基地になっている。国営農場に到着すると、そこには水稲がたわわに実った稲穂を付けていた。そういえば、一時期中国東北地方の米を日本に輸出しようというプロジェクトが話題になったことがあった。国営農場で栽培されていた水稲は日本と同じジャポニカ種であり、日本の水田と見紛うほどに稲が立派に育っていた。

嘗てこの東北地方は、満蒙開拓団によって多くの日本人が農業を営んでいた土地である。当時の稲作技術が継承されているのかも知れないなどと思いながら、農場を見て回った。当時、ハルピン市と日本一の米作地帯である新潟との間には、週1便の国際線が就航しており、新潟との交流が続いていた。平成5年に日本の東北地方を襲った大冷害（平成コメ騒動）の際には、中国政府の協力によって東北地方のジャポニカ米150万トンが日本に緊急輸出され、日本のコメ不足を救った。

次に向かったのが、ハルピン郊外の野菜農家である。冬季（1月）の気温がマイナス20度と寒さの厳しいハルピンは、冬が長くて夏が短い。夏場の最高気温も21度と暑くはない。訪問した郊外の1軒の農家ではビニールハウスで野菜を栽培していた。折からの改革開放政策によって、経済が上昇基調にある東北地方でも野菜の消費が旺盛であり、日本の都市近郊と同じようにハルピン市という大消費地に恵まれた都市近郊農業の経営は順調だった。生産規模を現在よりも拡大する計画だと話す野菜農家のご主人は、終始にこやかに応対してくれた。

農村を後に私達はハルピン市内に戻った。大学院生が案内してくれたのは、水餃子が有名だという老都一処飯店という1929年創業の餃子専門の老舗レストランである。テーブルに着いて、先ずハルピン・ビールで乾杯した。何と院生が注文したのは7種類もの水餃子である。餃子の専門店であるため、餃子以外のメニューはない。水餃（シュイジャオ）と呼ばれて茹でた餃子、いわゆる水餃子は中国の食卓に欠かせない食べ物である。

餃子がいつ頃から食べられるようになったのか、餃子の起源は明らかでないが、東北三省には渤海湾を挟んだ対岸の山東省の出身者が多いことから、中国で餃子の本場とされる山東省から伝わったというのが定説のようである。餃子に似た食べ物として焼売（シュウマイ）や雲呑（ワンタン）などがあり、小籠包（ショウロンポー）も餃子の仲間なのかも知れない。蒸した餃子の中にどんな具が入っていたのか、具のことはすっかり忘れてしまったが、ひき肉やニラや青梗菜などハルピン近郊で栽培されている野菜やキノコなどが入っていたのではないか思われる。大きなお皿に盛られた餃子が次々に運ばれてきた。食べても食べても減らない水餃子には閉口した。ハルピン最後の夜は、餃子に始まり餃子に終わった。翌朝、ハルピン空港から北京に向かった。眼下には東北3省の広大な大地が広がっていた。

香港

会員制レストラン　チャイナクラブ

会員制レストラン「チャイナ・クラブ（china club）」
――香港

セントラル（中環）にある会員制レストラン「チャイナ・クラブ（中国会）」は、90年前に建てられた由緒ある旧中国銀行の建物の13階にある。林立する高層ビルに埋没したかのようなビルの中に、チャイナクラブがあるとは想像し難かった。チャイナクラブは、香港マリーン・クラブ、ジョッキー・クラブ（旧ロイヤル・ジョッキークラブ）とともに香港の三大クラブとも言われており、入会するには事業経営者や医者、弁護士、銀行役員といったいわゆる社会的な名士であることが条件になっている。香港の大富豪である李嘉誠や、昨年（２０２０年）5月に亡くなったマカオのカジノ王スタンレー・ホーといった著名人が会員に名前を連ねている。したがって、チャイナクラブで食事をすることができるのはクラブの会員か、或いは会員の家族か、会員に招待された人に限られる。基本的に、それ以外の人はこのレストランに入ることは許されない。ただし、例外的に入店可能なケースがあるらしい。格式の高い会員制クラブらしく、ゲストに対しては、服装やマナーが決められており、ラフな服装で入店することはできない。

自由貿易港の香港には輸入に対する規制がほとんどないこともあって、日本各地から多種多様な農林水産物や食品が輸出されている。香港に輸出される農産物・食品の輸出金額は２０３７億円（２０２０年現在）に達しており、輸出先第２位のアメリカを大きく引き離している。文字通り日本にとって世界最大の農産物・食品の輸出先、お得意様なのである。都市国家の香港には農業がなく、生活に必要なほとんどすべての食料品を隣の中国や外国からの輸入に依存している。さらに、国境を挟んで中国のシリコンバレーと呼ばれる深圳市や広州市などの経済都市が隣接していることから、香港経由でこれらの都市に再輸出される農産物や食品も少なくない。

香港には3泊した。初日に行ったのが、港に面した香港の台所とも言うべき中央卸売市場である。この卸売市場は香港で生活するおよそ８００万人の生活に必要な野菜、果物などの青果物を扱う果部門と水産物・肉類などを扱う魚部門に分かれている。日本からは主にリンゴ、梨、ブドウといった果物類が輸出されており、野菜類は少なかった。二日目、三日目は日本でもお馴染みの「味珍味」や「新大和」など、日本食品を専門に扱っている香港商社3社と香港に進出している愛知県の青果会社や香港ＳＯＧＯや日系や現地のスーパーマーケットなどを調査した。訪問先では、日本食品の取り扱い状況や輸入上の問題点や改善すべき課題、日本食品の今後の輸入見通し等について聞き取り調査を実施し、食品の保管倉庫や冷蔵倉庫などを見せてもらった。香港には、日本国内で生産されているありとあらゆる農産物や食品が輸出されており、香港の高級スーパーの City Super や、日系デパートのそごう（崇光、ＳＯＧＯ）、イオン、市田といった日系スーパーはもとより、香港資本の Dairy farm グループのスーパーなどでも日本食品が販売されており、香港市民から高い支持を得ている。これらの専門商社には保管倉庫が併設されていることから、香港の中心部から離れた場所に立地している場合が多く、調査には地下鉄を乗り継いで移動し、地下鉄を降りてからはタクシーを拾って目的地に向かった。このため、今回の調査では市街地だけでなく香港島の端から端まで、これまで足を運んだことのなかった場所にも足を延ばすことができた。

香港調査に協力していただいたのが、日本食レストランのほかに、ショッピングセンター内でバイキングスタイルのレストランやラーメン店などを経営していたＫ氏である。Ｋ氏は香港のレストランビジネスで成功したこともあって、チャイナクラブの会員になっていた。最後の夜は、調査に協力していただいた御礼を兼ねて、チャイナクラブで食事を摂ることになった。参加者は、私達調査員２名と調査を手配して下さった日系商社の役員、香港の専門商社に勤務する日本人スタッフの総勢７名である。旧中国銀行のビルに入ってエレベーターで12階に向かった。エレベーターを降りた場所には、蔵書が飾られた部屋とバー・カウンター見たいなフロアーがあり、ここでウエルカム・ドリンクが振る舞われた。階段を上った場所がメイン・フロアになっており、窓側の席に案内された。優に200席以上はあろうかと思われる広い店内は週末ということもあってか、金融関係者と思われる外国人客で賑わっていた。中国系らしい客もちらほら見られる。店内には大きな柱があって、旧い中国の雰囲気の漂った重厚な作りになっており、シックなデザインで纏められている。なにを食べたかよく覚えていないが、フカヒレ、海老チリ、北京ダック、ショウロンポーなどなど次々に料理が運ばれてきた。窓の外の香港の夜景を眺めながら、もう2度と来ることのないチャイナクラブの食事を堪能した。この夜は赤ワインの消費量が多かったようである。各地を歩いていると、このような思いがけない非日常に出合うことがある。

香港の日式レストラン

嘗て日本で食べる中華料理と言えば、そのほとんどが広東料理だったように思われる。甘い味付けが日本人の嗜好にマッチしていたこともあって、広東料理は中華料理の代名詞になっていた。中華街のある横浜や神戸などを別にすれば、今みたいに四川料理の麻婆豆腐や刀削麺などを提供する中華料理店は極めて少なかった。その広東料理の本場がもともと広東省の一部だった香港である。男らしく食い、男らしく働き、進取の気性に富み、冒険的で、進歩的な広東人は食欲も旺盛である。広東省には、〝四本足のものは机と椅子以外、二本足のものは家族以外、飛ぶものは飛行機以外、水中のものは潜水艦以外、何でも食べる〟という格言がある。〝食在広州（食は広州にあり）〟という言葉は広東人の食に対する強い執着心を言い表している。いまはどうか知らないが、一昔前、日本人が香港に行くのは、飲茶などの広東料理を食べるか、免税店でのショッピングか、船上の海鮮料理を楽しむことが目的だった。ところが、その香港に、われわれの想像を大きく超える数の日本食レストランや飲食店が営業しているのをご存知だろうか。実に、その数は１０００店以上とも言われている。香港で長年レストランを営んでいる日本人経営者によると、香港ではすでに日本食はブームを取り越して日常化しているという。ただし、その日本食レストランの内訳をみると、日本食らしいものを食べられる店がおよそ１００店舗、日本人同士が会食して満足できる店が約50店舗、ビジネスなどの接待に利用できるレストランが20店程度だという。それ以外の日本食を提供する飲食店（居酒屋やラーメン店などを含む）の大部分は、いわゆる「日式（にっしき、にちしきと言う。日本風の、日本式のという意味に使われている）と呼ばれる〝日本食もどき〟の食事を提供している飲食店である。日本食もどきの飲食店を含めて、なぜ香港に、これほど多くの日本食レストランや居酒屋やラーメン店などの飲食業が普及することになったのか。

１８３８年のアヘン戦争で英国に占領された香港は、１８４２年にイギリスに割譲され、以来、１９９７年の中国返還まで１５５年間に亘って英国の領土として統治された。ただ１９４１年に、旧日本軍がイギリス軍との戦闘によって英国領のマレー半島と香港を占領し、１９４１年から5年間日本が香港を統治した時期があった。この短い期間に香港に持ち込まれた日本食が、他のアジアの国々と同じように「日式」という形で定着したのだろうか。しかしながら、嘗ての香港では日本に対するイメージは決して良いものではなかったと聞いている。イメージの良くない国の料理が普及・定着するのは奇妙なことである。

或いは、近くて遠い外国として簡単に渡航出来なかった香港に、1970年代以降の高度経済成長を背景に多くの日本人観光客が押し寄せるようになったことから、これらの日本人を目当てに日本食を提供する飲食店が増えたことも考えられなくはない。

言うまでもなく、香港は経済優越の社会である。拝金主義が徹底し、手段を選ばない金儲けの街だった香港で、金離れのいい日本人相手の日本食に商魂逞しい香港人が食指を動かされた可能性もなくはない。さらに日清戦争で台湾を統治することになった日本が、台湾に持ち込んだ日本の食文化が地理的に近い香港に伝播したとも考えられるが、どれもこれも推測の域を出ておらず、確かな証拠は見当たらない。

私が最初に香港に行ったのは1972年の暮れである。当時の香港は治安が悪く、香港に着いた翌日に、ガイドの男性から、日本人が香港大丸の前で昼間ホールドアップに遭ったと話していた。当時の香港は、犯罪者が逃げ込む街、犯罪者の巣窟という物騒なイメージの街だった。

現在、香港を筆頭にアジアの各都市には多くの日本食レストランが出店しており、バンコク581店、シンガポール390店、上海250店（もどきを含めると800店）といったように、その数はアジア全体で10万1000店（2019年現在、全世界の64・7%）に達し、今も増え続けている。

これらの飲食店の大部分は、香港と同じ「日式」と呼ばれる「日本食もどき」を提供する飲食店である。日式レストラン、飲食店で提供する食事も、寿司、さしみ、天ぷらといったオーソドックスな日本食から、牛丼、トンカツ、ラーメン、うどん、日本そば、ヤキトリ、たこ焼きに至るまでメニューの幅が広がっており、大衆化が進んでいる。

１９７０年代の初めから１９８０年代にかけてのアジアでは、日本食（和食）はごく一部の高級ホテルなどに出店している日本食レストランでしか口にすることができなかった。当然、値段も飛び上がるほど高く日本食を口にすること自体が一種のステータスであり、一般庶民が気軽に口にできる食事ではなかった。ところが、今ではバンコク中心部のサイアム広場の一角にある日本食レストランなどでは、学校帰りの女子高校生達が気軽に立ち寄って寿司定食を食べている姿を目にする。まさに隔世の感がある。

台湾

台湾高雄市内

食の宝庫・台湾の夜市とゴーヤ・ジュース

――台湾・台北、高雄

台湾の魅力は豊かな食文化と街に溢れる活気と人々の笑顔にある。信号が変わった途端にピストルの音と同時に飛び出す１００メートル競争のように、一斉に走り出すバイク（オートバイ）。オートバイは台湾の人々にとって無くてはならない乗り物である。地下鉄ができても、高鉄（新幹線）が開通しても、台北の夜の街を、高雄の工業団地を、都会の車と車の間を縫って飛ぶように颯爽と走るオートバイは台湾を象徴する風景のひとつである。台湾の人々にとって欠かせない乗り物、それがオートバイである。都会の道を風を切って走るオートバイは、台湾の人々の生き方そのものを現わしているかのようである。私は台湾が好きである。とくに台湾の農村地帯に来ると、子供の頃に泥んこになって遊んだふるさとに帰ったような懐かしさを感じる。

台湾には幾度となく行く機会があった。とくに台中市には1989年の夏に1カ月ほど滞在したことがある。台北に行った時のことである。重慶南路の本屋街に行った後、二二八和平公園の中にある国立台湾博物館の前のベンチに腰掛けて休んでいたら、短パンを履いた品の良い老人が近づいて来て日本人ですかと日本語で話しかけてきた。はいそうです、と答えると私について来なさいという。老人は旧台湾帝国大学出身のお医者さんで日本時代に日本の教育を受けたという。連れて行かれたのは二二八記念館である。よく見てくださいと言って、老人は去っていった。記念館には、日本統治時代から1947年2月28日に起きた二二八事件を物語る関連資料や写真が展示されていた。展示されている資料や写真を見て、台湾と日本の過去の関係、二二八事件と台湾が歩んできた複雑な歴史を知ってちょっと暗い気持ちになった。あの老先生は僕に何を伝えたかったのか、日本と台湾の過去と現在の関係をしっかり認識しなさいと言いたかったのだろうか。あの日の出来事は今も私の脳裏から離れない。

中華民国の首都台北市は、人口265万人の大都会である。街の北部には、フランスのルーブル美術館、ロンドンの大英博物館、ニューヨークのメトロポリタン美術館とともに世界4大博物館のひとつ故宮博物院がある。さらに東には、台北のランドマークとなった地上101階、高さ508メートルの101や台北世界貿易中心、グルメの街として日本人にも人気の永康街がある。ちょっと足を伸ばすと、夕陽の名所として知られる淡水や先住民族が暮らす烏来（ウーライ）などがある。

丁度この頃、米麦加工食品製造業の海外進出の委託研究に着手していたため、台北に進出し始めていた日本のパンメーカーの山崎製パン、東京都北区のベーカリー・サンメリー、福岡の糧友パン、北投市に進出していた台湾森永製菓などに足を運んだ。もともと台湾には、揚げパンの油條、シャオピンジャーダン（焼餅来）、マイヤテイエンピン（麦芽甜餅）といった伝統的なパンがある。最初に台湾に行った頃には、朝ごはんには、揚げパンと豆乳、ジオウツアイハヲ、お粥などを食べることが多かった。

その台湾に日本のパンメーカーが進出して日本風のパンを普及させようとしていた。現在では、上海、香港、シンガポール、バンコクなどのアジアの主だった都市には日本のパンメーカーが進出しており、デパートやスーパーの中に出店しているインストア・ベーカリーの焼き立てパンは行列ができるほどの人気である。

しかし最初に台湾に進出した山崎パンや糧友パンは、台北の林森北路などに小さな工房を作ってほとんど手作りでパンを作っていた。まず日本のパンの味に慣れてもらって、徐々に市場を拡大していこうという戦略である。こうした努力の結果、いまではアジアの大都市ではコンビニを含めてどこでも日本のパンを購入することができるようになっている。

台北では「旺旺せんべい」で有名な旺旺集団（宜蘭食品）の本社にも行った。新潟県の米菓メーカーの岩塚製菓の技術指導で米菓を作りはじめた宜蘭食品は、中元節・鬼月に先祖のお墓にお供えする米菓の詰め合わせセットが大ヒットし、「旺旺せんべい」のブランドで一躍有名になった。当時の岩塚製菓の社長が宜蘭食品の若い社長を自分の息子のように可愛がって、米菓製造の技術を教えたことを専務さんが話してくれた。

台湾の菓子メーカーの義美食品にも足を運んだ。義美食品には、台北にある日本の交流協会に頼んで亜東協会経由でアポを取ってもらった。当時の義美食品の事務所は中山区にあって社長室には大きな大理石のテーブルが置かれてあったのを覚えている。あれから四半世紀が経った。台北の街も台中の街も高雄の街もすっかり変わってしまった。新竹市にある食品工業発展研究所に滞在した時には、台湾の臍と言われる南投県にも連れて行っていただいた。食品研究所では竜眼を食べすぎてお腹を壊したこともあった。

台湾は日本と同じで自然災害の多い国である。台湾中部の南投県集集地域を襲ったマグニチュード7・7の巨大地震による地滑りで、山が二つに割れたクブニ山の現場にも足を運んだ。傾いた家屋に入ると眩暈がして、身体のバランスが失われるのを感じた。日本政府は現地に緊急救助隊を派遣して復興を支援した。そのお返しに、東日本大震災では台湾から200億円を超える義援金が日本に届けられた。この義援金には、台湾中部の小学生達が集めた募金が含まれていたことを後で知った。台湾と日本は強い絆で繋がっていることを感じた。その後も、冷凍エダマメや小麦の輸入システムの調査や、学会などで度々台湾に足を運んだ。

食の宝庫、夜の台湾には屋台が多い。いわゆる夜市（Night Bazar）である。台北市内だけでも、グルメから雑貨まで何でも揃う台北の士林夜市、屋台料理が豊富な遼寧夜市、小皿料理の寧夏夜市など大小10近い夜市がある。台中市内には、台中公園に近い中華路夜市、学生街にある逢甲夜市、中孝路夜市などの夜市があるし、台湾第2の都市高雄市では六合夜市が有名である。これ以外にも基隆、桃園、嘉義、台南、花蓮など全国各地には大小様々な夜市がある。夜市は台湾の文化の一部である。夜市のない台湾は考えられない。夜市のない台湾は祭りのない日本みたいなもので味気ない。

台湾に行った時には、必ず百貨店やスーパーの食品売り場と食品の卸売市場に足を運ぶことにしている。以前は夜市にも足を運んでいたが、最近は夜市に行く機会が少なくなった。台湾第2の都市高雄市の六合夜市に行った時のことである。白いゴーヤで作ったゴーヤ・ジュースを売っているのを発見した。

沖縄でゴーヤーと呼んでいるウリ目ツルレイシ属に属する細長い形をした夏の野菜は、私の故郷鹿児島では苦瓜（にがうり）と呼んでいる。現在、ゴーヤは東京などの大都会のスーパー・マーケットでも販売されているが、一昔前にはゴーヤは沖縄や、鹿児島、宮崎などの南九州地方だけで消費される野菜であり、それ以外の地方ではほとんど手に入らなかった。仕事で台湾や中国に行くようになって、台湾や中国にもゴーヤの料理があることを知った。

熱帯アジア原産と言われるゴーヤは15世紀に中国に伝わり、16世紀に中国南部の福建省から琉球王国（沖縄）に伝わり、17世紀に沖縄からトカラ列島を経て九州南部に伝わったもののようである。鹿児島の実家では、野菜の少ない夏になると苦瓜（ゴーヤ）と茄子とキユウリの料理が毎日のように食卓に並んでいた。だから私にとって、苦瓜（ゴーヤ）は子供の頃から慣れ親しんだ身近な野菜なのである。沖縄のゴーヤ料理ではゴーヤ・チャンプル（ゴーヤの炒め物）が有名であるが、鹿児島の実家でも苦瓜は炒めたり、焼いたりして食べていた。

その苦瓜（ゴーヤ）のジュースを高雄の夜市で見つけたのである。しかもジュースにする苦瓜（ゴーヤ）は白くて大きかった。白いゴーヤを見たのは初めてである。最近は日本でも白いゴーヤを目にするようになったが、私達が食べていたのは緑色の苦瓜（ゴーヤ）で白いゴーヤはなかった。ジューサーに刻んだゴーヤを入れて攪拌し、炭酸水を加えてブレンドするとゴーヤ・ジュースの完成である。コップに入ったゴーヤ・ジュースを口に含んだ。美味しい。甘くて爽やかな飲み心地がした。苦味のあるゴーヤの味しか知らない私にとって、甘いゴーヤ・ジュースはとても新鮮だった。高雄の夜市に行く機会があったら、もう一度あのゴーヤ・ジュースを味わってみたい。

台南の担仔麺、嘉義のレストランで食べた筍の味も忘れられない。笑顔と人情が溢れる台湾の夜市には、人々を魅了する不思議な力が宿っている。

薬膳料理と日本のながいも

——台湾

台湾とアジア系移民の多いアメリカ西海岸のロサンゼルスなどで日本産のながいも（ナガイモ、ヤマノイモ科ヤマイモ）の人気が高まっている。昔から大根、ニンジン、ゴボウ、ながいもなどの地下茎の野菜を食べると風邪を引かないとか、下半身の衰えを補う効果があると言われてきた。

日本では、ながいもは摩り下ろしてごはんや蕎麦などにかけたり、とろろ汁にして食べることが多い。ながいもの原産地は南シナ海から中国南部とされており、現在でも広東省と西クワン自治区が中国のながいも生産の5割程度を占めているという。中国では、紀元前2000年頃には、ながいもが薬用として栽培されていたようである。

日本でながいも栽培されるようになったのは、縄文時代後期と言われており、長い歴史がある。日本にはながいもの他に、自然薯や大和芋といったイモ科に属した芋類がある。自然薯が日本の山に自然に生えている芋であるのに対して、ながいもは中国から渡来したという説がある一方で、中国産と日本産はその特徴や品質が異なることから、日本のながいもは日本発祥という説もある。

いずれにしても、古くから日本ではながいもが健康食材、強壮食材として重宝されてきた。そのながいもが、いま台湾やアメリカ向けに大量に輸出されるようになっており、その量は年間３０００トン以上にも達している。

ながいもが栽培可能な地域は、熱帯から温帯まで広く分布しており、日本では南の沖縄から北の北海道まで全国ほぼすべての地域で栽培されている。ただ、商品作物として大量に生産されているのは青森県と北海道の二地域だけであり、この両地域が全国生産量の８割以上を占めている。ながいもの品質は、気象条件や土壌条件に大きく影響されやすいため、形が整いにくく、同じような形の同じ規格のものを生産することが極めて難しいとされている。このため、青森県では丸形状のA品、B品、C品、平形状のA品、B品、規格外のD品に加えて、かまぼこ、楕円、曲り、こぶ、開き、長さ、厚さ、ねじれ、肌の障害の有無などによって25種類もの規格に細分化されている。一方、北海道産は32規格と青森を上回っており、秀品が８規格、優品が８規格、残りの16がその他（規格外品）に分類されている。

ながいもの市場出荷にあたっては品質の均一化が大きな課題であることから、青森県では収穫したムカゴ（実）から育苗した苗を畑に移植する栽培方法によって品質の安定化に努めている。青森県におけるながいもの輸出は、2001年に東京都内の中央卸売市場からロサンゼルスとシンガポールに輸出されたのが始まりで、歴史は古くない。北海道産のながいもは、1990年代の半ばに香港に進出していた日系スーパーのヤオハンからの要請によって、同スーパーが開催する北海道フェアに出展する商品としてスポット的に輸出されたのが始まりである。その後、1999年頃から形状と品質が安定している北海道産ながいもが定期的に輸出されるようになり、十勝地方の二つの農協を中心に年間2300トンから2500トン程度が、台湾向けに輸出されるようになっている。

そのながいもは地域によって嗜好差があり、関西では大きめのサイズの芋が好まれるのに対して、中京地域では細めの芋が好まれており、関東では中型の芋が好まれるといった具合に地域毎に消費者の好みが異なっている。

これに対して、最大の輸出先である台湾市場では肉質が細やかで大ぶりのながいもが好まれる傾向にある。台湾では薬膳料理の食材としての需要とともに、消費者の健康志向やジュース・ブーム（ミックスジュースの原料にながいもが使用されている）を追い風に、日本産ながいもの人気が高まっており、完全に市場に定着している。台湾市場では、青森県産のA品、北海道産の秀の4L、あるいは5Lサイズの形が真っすぐで外傷のないものが好まれており、とくに姿形の優れたもの、美形のいもが好まれる傾向にある。

一方、日系、台湾系、韓国系、中国（大陸）系移民など、アジア系の住民が１００万人を超えるアメリカ西海岸ではロサンゼルスを中心にながいもの需要が広がっており、とくにながいもの抗がん作用や、夏バテ防止効果などが明らかになったことなどがながいもの需要拡大に繋がっている。高い品質基準が求められる台湾市場に対して、アメリカ市場向けは求められる品質基準がそれほど厳しくないことから輸出が容易だという。

いずれにしても、台湾市場とアメリカ市場では日本国内では余り好まれない大型サイズのながいもが好まれていることから、北海道や青森県の農業団体やながいもの生産者にとっては輸出によるメリットが大きいといえる。

台湾では、鶏肉のスープや薬膳養生スープなど様々な薬膳スープの具材にながいもが使用されるケースが多いようである。もともと薬膳料理は食材と中薬を組み合わせたものであり、その昔、中国で薬用として栽培されてきたながいもが、現在の台湾では薬膳料理の食材として利用されている。食の宝庫台湾ならではの健康メニューといえよう。

九份の臭豆腐

台湾・九份

九份に行ったのは五年前。ある業界団体が実施したフォローアップ調査のためである。フォローアップ調査を終えた翌日、基隆の近くにある九份を観光することになった。台湾には度々来ているが、九份という観光地の存在は知らなかった。九份が有名になったのは、台湾映画「非情城市」の舞台になったためだという。その映画を見たことはない。その後、宮崎駿監督のアニメ映画「千と千尋の神隠し」のモデルにもなったとかで、一躍有名になり日本からも大勢の観光客が押し寄せるようになっている。

九份に行く途中には十份という列車の駅がある。十份駅はとくに変わったところはない。ところが、列車が通り過ぎたあとの線路の上で何かが始まるらしい。十份駅に到着後、ひとまず近くの渓流沿いにある滝を見学してから十份駅に引き返した。これから何やらイベントが始まるらしい。線路脇の商店で販売している提灯みたいな形をした風船を購入して、その側面に願い事を書いてそれを空に向かって飛ばすらしい。私も風船を購入して願い事を書いた。なにを書いたのかはっきりは覚えていないが、たぶん療養中だった母の病気の快癒と旅行の安全といったような願い事を書いて飛ばしたものと思われる。

十份駅からは電車で九份に近い駅まで移動し、そこからは先回りして我々を待っていたマイクロバスに乗り換えて目的地の九份に向かった。九份に到着して駐車場で車を降りると、後は徒歩で急な坂道を登らなければならない。

この日も、上り下りの狭い通路をすれ違うのに苦労するぐらい大勢の観光客で賑わっていた。社員旅行らしい一団や、若い女性のグループなど日本からの観光客も多い。

九份という地名は、この傾斜地を開墾した時に入植した9世帯が、土地を均分したことからこの地名が付いたという。9世帯は町に買い物に行く時も、9世帯分を共同で購入するなど助け合って生活したという。19世紀末には、ゴールドラッシュ（金鉱の採掘）によって町が発展した。海を見下ろす傾斜地には石段や細い路地が入り組んでおり、日本時代に造られたという建物がそのまま残っているものもある。ゴールドラッシュが終わると町は衰退したが、二本の映画によって町は再び脚光を浴びることになった。狭くて急な石段を登って行くと道の両側には、様々な土産物を販売する店や飲食店が軒を連ねている。石段を登り切ると、頂上付近は比較的平らな場所になっており、南北に延びた基山路には所狭しと土産物屋と飲食店が軒を並べている。

狭い路地に面した飲食店はどこも賑わっていた。九份名物は、どうやらタロイモと小麦粉を練って作ったモチモチ感のあるオーインという団子らしい。他にも日本でもお馴染みのショウロンポー（小籠包）や、胡椒餅（フーチャオピン）、タンツーシェン（担子麺）、スパイシーなソーセージ（香腸）、魯肉飯（ルーロウファン）など手軽に食べられる台湾のファスト・フード店が並んでいる。

台湾には度々来る機会があったが、強烈な臭いのする臭豆腐（チョウドウフ）だけは食べたことがなかった。その臭豆腐を九份で食べることになるとは思わなかった。ところが、われわれのグループの一人がどうしても臭豆腐を食べると言いだした。臭豆腐を食べたことのある日本人は一体どれぐらいいるのだろうかなどと考えながら、怖いもの見たさで、数人の仲間たちと一緒に店頭の路上で代わる代わる臭豆腐を口にした。口の中に独特の匂いが拡がってゆくのを感じた。この味をどう表現したらいいのか良くわからない。美味しいと表現するには難しい味だが、慣れると癖になる、止められなくなる味、あとを引く味なのかも知れない。好きな人はきっと止められなく味なのだと思う。

以前、北京に行った時に、北京市の緑化事業に携わっている中国人の社長さんに、北京では非常に有名だという発酵食のレストランに連れて行ってもらったことがある。メニューの内容はよく覚えていないが、確か臭豆腐もあったと記憶している。北京のレストランのメニューは発酵食特有の腐ったような臭いが強くて私にはとても食べられなかった。折角、連れて行っていただいたのに失礼だと思ったが、料理を少し摘んだだけで終わった。発酵食品が身体にいいことは知っている。中国のメンマやザーサイ、タイのナンプラ、インドネシアのテンペなどアジア各地には発酵食品が多い。味噌、醤油、日本酒も発酵食品の一種である。ヨーロッパのチーズもピクルスも発酵食品である。

最近、日本でも美容と健康に効果の高い発酵食品の人気が高まっている。それでも私には、臭豆腐の独特の臭いにはなかなか馴染めなかった。ただ、日本の納豆のように一旦慣れてしまうと返って病みつきになるものなのかも知れない。嘗ては、日本でも納豆は一部の地域を除いてほとんど食べられていなかった。私自身も東京に出てくるまで納豆を食べたことがなかった。あの独特の粘りと匂いが、多くの消費者に敬遠されてきたのである。

ところが現在では、京都などの一部の地域を除いて、納豆は健康食品として非常に人気の高い食品になっており、納豆売り場には有機納豆、小粒納豆、引き割り納豆など多くの商品が並んでいる。もちろん納豆が人気商品になった背景には、納豆の製造と包装材などの技術革新によって手軽に消費できるような商品に生まれ変わった点が大きいものと思われる。近い将来、台湾の臭豆腐が日本の納豆と同じような人気の食品に生まれ変わることに期待したい。

六次産業化と熱帯の葡萄酒

台湾・台中

中国で出版した「新西蘭之葡萄酒産業」という本を、台湾から訪ねてきた留学生に渡したのがきっかけで、台湾で葡萄酒が造られているのを知った。留学生が学んでいた高雄餐旅大学という外食産業や観光などを教育する専門大学に、フランスのボルドーに留学していた先生がいるらしく、この先生が台中の葡萄酒の醸造技術を指導していることが判った。丁度、日本食品の輸出の調査で台湾に行く予定があったので、台中の醸造所を訪ねてみることにした。

早朝、台北から新幹線で台中に向かった。台中駅に着いて、知人の車で台中市郊外の后里という場所にある葡萄酒の醸造所に向かった。台中駅から醸造所のある后里までは車で30分程度だという。台中駅から台北方向に高鉄の線路に沿って高速道路を移動し、途中から一般道に降りて目的地を目指した。一般道に入ってから道に迷ったらしく、同じ道を繰り返し走ったようである。目的地に着いた時には昼近くになっていた。事前に訪問予定を伝えてあったので、醸造所「樹生休閒酒荘」の経営者の陳さんが私達を出迎えてくれた。醸造所は小高い丘の上に建っており、遠くに台中の市街地を望むことができる。丘陵の一番高い所に、葡萄酒を試飲できるカウンターと葡萄酒の販売所が設置されており、奥にはレストランが併設されていた。

建物の裏の斜面には、日本時代に山梨から移植されたという樹齢50年以上になるという太い幹のブドウの木が十数本、大きく枝を広げていた。斜面の下の平らな場所には、樹齢の若いブドウ園が広がっている。ブドウ園の面積は50アール程度と広くはない。醸造所では数種類の葡萄酒が醸造されており、ブランド名は后里名産「樹生　葡桃酒」となっている。ラベルの下の部分には「高雄餐旅大学技術転移」と書かれていた。750ミリリットルのボトルの他にやや細身のボトルに入った葡萄酒も数種類作られていた。熱帯産の葡萄酒らしく、ちょっと甘味があって濃厚な味がする。ブドウ畑に隣接して建てられている醸造所の設備には、日本の酒蔵で使っていた中古の設備もあるという話も聞いたが真贋は明らかでない。

醸造所は一階部分が収穫したブドウを洗浄して搾汁し、発酵させて葡萄酒を醸造する作業場になっており、2階部分が醸造したワインを樽で熟成させる貯蔵施設になっている。樽の丸い部分には、2010年のBlack Queenから2015年Golden Muscatと言ったように、手書きで醸造年次とブドウの品種が書かれていた。葡萄酒の醸造が始まってから7、8年が経過している。中国語がうまく聞き取れないこともあって、なぜ葡萄酒を造ることになったのか、醸造所の設立の経緯や、醸造所の経営状況や葡萄酒の流通などについて、詳しい内容を把握することはできなかったが、「百聞は一見に如かず」、醸造所とブドウ畑を見学したことによって大方の状況を把握することができた。

醸造所の中には、「103年度農村酒荘醸酒設備改善計画台中市政府農業局補助」と書かれた布製の幕が掛けてあった。台中市政府が、日本の六次産業化と同じような補助事業によって、醸造所の設備等に補助金を給付していることが判る。おそらく、台中近郊の里山に立地しているこの醸造所は、八十万台中市民の憩いの場になっているのだろう。醸造所の見学を終えて、直売所の奥に併設されているレストランで日本のしゃぶしゃぶに似た食事を摂った。休日には見晴らしの良い醸造所のレストランには、大勢の台中市民が葡萄酒を求めて押しかけるのだろうと思いながら、購入した葡萄酒2本を手に醸造所を後にした。

午後は、美しい夕日で有名な高美湿地と台中港の水産物の卸売市場を見学した。台中市内の日系百貨店や台湾のスーパーには、日本各地の様々な食品や果実や生鮮野菜までもが販売されるようになっている。私が最初に台中に滞在した当時とは、大きく様変わりした台中市の様子に懐かしい昔日の想いが去来した。

韓国

コリアハウスの伝統舞踊

キムチ工場のランチ

——韓国・チュングポック

協同組合が経営するキムチ工場に行ったのは1995年の5月である。5月22日、23日の両日、ソウル市内でアジア8カ国（韓国、中国、台湾、日本、インドネシア、タイ、マレーシア、フィリピン）のローカル食品に関するワーク・ショップが開催された。ワーク・ショップの翌日から3日間、フィールド・トリップでソウル市内のスーパーマーケットと韓国中部の食品工場、リンゴの産地などを見学することになった。

24日の午前中は、ソウル市内のヨンサン地区にあるスーパーマーケットを見学し、その後、チュングジュ市のチュングポックにあるサルミという協同組合にマイクロバスで移動した。11時過ぎに協同組合に到着し、キムチ博士の称号を持った若い職員からキムチに関するレクチャーを受けた。われわれが日本で目にするキムチには、白菜キムチと大根からつくるカクテキが多い。これに対して、本場韓国のキムチは季節毎或いは使用する原材料によって、２００以上の種類があると言われている。ソウルの焼き肉店などに行くと、日本ではお目にかかれない様々な種類のキムチを味わうことができる。キムチ工場の見学を終えて、キムチ工場の食堂でランチを摂ることになった。メニューは、白いごはんとおかずは工場で作っている白菜のキムチと味噌汁だけである。シンプルなメニューだが、シンプルであるがゆえにキムチとごはんの味が殊のほか美味しく感じられた。

韓国の食文化にとってキムチは特別な食べ物である。いまはどうか判らないが、私が最初に韓国に行った頃には、飲食店のテーブルの上には必ず小皿に盛られたキムチが置かれてあった。日本の飲み屋の「お通し」とよく似ているが、まったく性格の異なるものである。

元来、キムチは各家庭で手作りされてきた保存食である。韓国の知人から〝家内はとてもキムチ造りが上手なんですよ〟と奥さんのキムチ自慢を聞くことがある。嘗ての日本がそうだったように、韓国の家庭にもそれぞれに家庭の味、おふくろの味があり、家毎に白菜、キャベツ、大根、ネギなどの野菜類やエビやイカなどの魚介類の塩辛、魚醤、煮干しなどを使用した独自のキムチが作られてきた。

韓国では、２０１３年にユネスコの無形文化遺産に登録されたキムチを漬け込む行事を意味する〝キムジャン〟という伝統文化が受け継がれている。キムチ漬けの季節になると、隣近所や家族が助け合って保存食のキムチを漬けこむキムジャンは、毎年の一大行事になっている。キムジャンの文化は、単にキムチを漬けこむだけの作業でなく、コミュニティ内の分かち合いの精神や連帯感の維持に大きな役割を果たしているという。

しかしながら、女性の社会進出の機会が増えるにしたがい、自宅でキムチを作ることに時間を費やすよりも外に働きに出てお金を稼ぎ、キムチは食品会社で製造したものを買った方が得だという時間と消費を両天秤にかける考え方、いわゆる機会費用の風潮が強まったことや、冬場でも新鮮な野菜が入手できるようになったことによって、自家製のキムチを作る家庭が減少し、食品会社や協同組合などが作るキムチを購入する家庭が増えたのである。その結果、韓国の食文化に欠かせないキムチが、この協同組合のキムチ工場のように家庭外で製造されるようになっているのである。

何処で誰から聞いたのかは忘れてしまったが、１９５０年に勃発した朝鮮戦争の時に、現在の休戦ラインである38度線を大きく越えて北朝鮮軍に攻め込まれた韓国軍が、アメリカの援助で支給されていた軍事食から、キムチを主体にした韓食に切り替えた途端に力を発揮して、攻込んだ北朝鮮軍を38度線の向こう側に押し返して勝利したという逸話を聞いたことがある。その真偽は確かめようもないが、これを私なりに解釈すると、この国民食とも言うべき伝統食品には、その栄養価はもとより、「キムチパワー」とでも言うべき、単なる栄養価を超越した特殊な力が宿っているということなのだろうと思われる。

キムチ工場のランチを堪能したわれわれは、サンジュにある米の加工センターを見学した後、テグ市（大邸）に移動した。昼食には、鶏の腹の中に高麗ニンジンともち米を詰めて煮込んだ名物料理の「サムゲダン」をご馳走になった。

翌日は、キョンポック県にあるリンゴジュースの加工工場を見学した。嘗て日本から、この地に200本のリンゴの苗木が贈られたのが切っ掛けで、いまではキョンポック県は韓国を代表するりんごの一大産地になったという。収穫されたりんごは、ジュースに加工されて韓国国内に出荷されていたが、今後日本に輸出する計画もあるという。長い歳月は人や社会に様々な変化をもたらす。日本から贈られた200本の苗木が、今では大きなりんごの森に成長していることに深い感銘を受けた。

日本と韓国の間には、さまざまな歴史問題や政治的課題があり、日本にとって韓国は近くて遠い外国になっている。この200本のりんごの苗木やキムジャン文化のように、日韓両国が相互扶助の精神によって助け合うことが、両国の将来にとって賢明な選択なのではないだろうか。

近くて遠い国の食の思い出
——韓国・ソウル

韓国の人達は、日本人と韓国人を見分けるのが難しいらしい。初めて韓国に行った時に、ソウルの街角で韓国人の男性に背中を叩かれてタバコの火を貸してくれと言われたことがあった。韓国民俗村に行った時にも同じようなことがあった。昌徳宮の近くの通りを歩いている時には、地方から来たらしい年配のグループに道を聞かれたこともあった。

初めて韓国に行ったのは１９９０年の春だった。日本に対する国民感情が良くないと聞いていたこともあって、韓国に行くのはあまり気が進まなかった。韓国に行くことになったのは、インスタント・ラーメンの製造企業と日本の乾麺を受託製造している企業を訪問するためである。古都慶州を見学してから、釜山に戻ってシャトル便でソウルに向かった。私の予想とは裏腹に、どこに行っても韓国の人達は皆親切だった。もう二度と韓国に来ることもないだろうと思っていたら、その後もワーク・ショップやシンポジウムや調査などで度々韓国に行くことになった。

2009年に、ある業界団体の調査でソウルに行った時には、コリア・ハウスで民族舞踊を見学し、三清閣という韓国料理のレストランで韓国版のどぶろくであるマッコリを初体験した。翌日は、板門店のある北朝鮮国境にまで足を伸ばした。板門店の近くでは北朝鮮が掘ったという地下の坑道を見せてもらった。ソウルに帰る途中、われわれを案内していただいたアメリカ小麦協会の韓国代表のご自宅に招待していただきスイカをご馳走になった。小学校の校長先生をされている奥様とは、テコンドーの道場で知り合ったという。週末は、キムチ作りの名人だという奥様と一緒に、マンションの近くに購入した水田で米や野菜作りを楽しんでいるという。ソウルに帰った最後の晩は、林の中にある静かな韓式レストランで初めての宮廷料理なるものをいただいた。

一人で韓国に行った時には、日本人留学生に紹介された明洞のサボイホテルに宿泊した。サボイホテルは歴史の古いこぢんまりとしたホテルだが、日本人の利用者が多かった。私の大好きな石焼きビビンパの全州屋と郵便局にも近くて便利だった。

韓国料理の代表格はやはり焼肉ということになる。焼肉とキムチとビビンバとチゲ鍋が私の大好きな韓国料理の4点セットである。職場の大先輩に紹介していただいたある先生を大学に訪ねた時に、ソウル中心街とは反対側の江南地区の高台にある焼き肉店に連れて行っていただいたことがある。その焼肉店はかなり高級感のあるレストランだった。この焼肉店では、サンチェという野菜にニンニクやみそなどを包んで食べる本格的な焼肉をご馳走になった。

ソウルでは知り合いの方に、古い韓式の家屋が軒を連ねている街の古い料理店に連れて行っていただいたことがある。そこは2畳半ほどの半個室になっており、網で焼く焼肉と初めて食べるトンチミ・キムチが印象的だった。

2000年に、日本食の調査でロサンゼルスに行った時のことである。お昼時間になって、連れて行っていただいたのが、市庁舎の向こう側にあるコリアン・タウン（韓国人街）の大衆レストランである。当時、ロサンゼルスのコリアン・タウンにはおよそ50～60万の韓国移民が暮らしていると言われていた。案内されたレストランは既に多くの客で混雑していた。このレストランの人気メニューはチゲ豆腐だという。チゲ豆腐とごはんをセットで注文した。暫くして、小さな鍋に入った唐辛子で真っ赤になったあつあつのチゲ豆腐が運ばれてきた。スプーンで口に運ぶと、四川料理のマーボー豆腐とはひと味もふた味も違う辛さだが、白いごはんとの相性が抜群だった。このチゲ豆腐は私にとって忘れられない味になった。

最後にソウルに行ったのは、MARSの流行で日本からの観光客が激減した2015年の5月である。どこに行っても人が少なく、ソウルの街はどこもガラガラだった。この時は、ソウルの業界団体の方がソウル中心部のビルの地下にある焼き肉店に招待して下さった。次々に運ばれてくる焼き肉を満喫したが、焼き肉よりも初めて口にする色とりどりのキムチの種類の豊富さに感動した。

昼食には、景福宮の近くにある土俗村（トソクチョン）のサムゲタンを食べに行った。鶏の内臓をくり抜いて、そこに粳米、ナツメ、クリ、ニンニク、高麗ニンジンを詰めたのが有名なサムゲタンである。とりわけ、ここトクソチョンのサムゲタンの味は格別だという。

食事が終わって通りに出た。土俗村の通りの向う側に、洒落たベーカリーを見つけたので店内に入ってみた。聞くところによると、このベーカリーを展開するＳＰＣ社は韓国最大の製菓製パン企業であり、フランチャイズのベーカリー・パリバケット３２００店を韓国全土に展開しているという。韓国の食文化は、１９８８年のソウル・オリンピックを境に大きく変化したと言われている。国民の生活向上、食生活の高度化、多様化志向に対応して、韓国政府は20年以上続いた小麦粉の再販価格制度を廃止し、製粉会社にも小麦の輸入権を付与し、１９９０年には原料小麦の輸入自由化に踏み切った。この結果、小麦粉の製粉能力が倍増し、稼働率も83％に上昇したが、逆に工場数は23工場をピークに減少に転じ、現在は、11工場が稼働している。

実は韓国は、年間1人当たりの消費量が日本のおよそ2倍にあたる70・9食に達する世界一の即席麺の消費大国なのである。このため、製粉された小麦粉のおよそ50％はインスタント・ラーメンと冷麺などの製麺用に使用されている。人気の高まっているパン用は13・6％とそれほど高くない。原料小麦には、製麺用に加工適正のあるオーストラリア産のＡＳＷが使われている。ＡＳＷが好まれる理由は、そのYellow Creamyな色にあるといわれている。因みに、日本では讃岐うどん用の原料小麦としてASWが使われている。逆にアメリカ産小麦はタンパク質の含有水準が高すぎて製麺には向かないといわれている。その一方で、日本でも人気の韓国産の辛ラーメンにはアメリカ産小麦が使われているという。

帰国前には、必ず南大門市場とロッテデパートの食品売り場に足を運んだ。韓国土産には、軽くて持ち運びが便利で日本でも人気の韓国海苔を買うことが多かった。

アメリカ

自由の女神と世界貿易センター（当時）

一日一店舗沸騰するアメリカの日本食人気

――アメリカ・ニューヨーク州

1993年以来七年ぶりのマンハッタンである。三日間の西海岸（ロサンゼルス、サンタモニカ、ビバリーヒルズ、ロングビーチの近くのベトナム難民の居住地）の調査を終えて、ニューヨークに到着したのは夜中の一時過ぎだった。西海岸と東海岸との間には四時間の時差がある。ロサンゼルス空港を離陸してしばらくすると、機内の明かりが落とされて夜間飛行状態になる。

ジョン・F・ケネディ空港に到着すると、出迎えの車が待っていた。出迎えたハイヤーの運転手さんはアメリカ在住30年以上のベテランで、ホテルに移動する小一時間の間に最近のニューヨーク事情などについてレクチャーしていただいた。アメリカ国内には、ビリオナーと呼ばれる超富裕層が住んでいる最高級住宅地が5か所あるという。そのひとつがロング・アイランドで、ロング・アイランドには、片側だけで14車線もあるとてつもなく広い高速道路があることを知った。

私はマンハッタンのことは詳しくはない。ニューヨーク在住の日系人から聞くところによると、ニューヨーカーはあらゆるものがごちゃ混ぜで、お世辞にも決して奇麗とは言えないこの街に強い愛着と誇りを持っているという。確かに、人間の欲望が渦巻くウオール街と多くの犯罪が同居した巨大都市、人種の坩堝と言われるこの街には、世界中のどの都市にも真似のできない特別な風景と独特の雰囲気が漂っている。この街で働く管理職は、嘗ての日本の猛烈社員を凌ぐほど猛烈によく働くらしく、このため、離婚率も高いとか。

マンハッタンの宿泊先は、四十五番街に近いあまり大きくないホテルだった。部屋も広くはない。ホテル代の高いマンハッタンでは、この程度のホテルでもルームチャージが高い。このため、イサカに滞在していた時には、マンハッタンに来る時には川向うのニュージャージー州にあるベスト・ウエスタンを利用した。マンハッタンに泊まったのは、友人の甥が勤務していたインター・コンチネンタル・ホテルに泊まった時の一回だけである。マンハッタンでは、現地の受入れ機関によってリストアップされた市内のスーパー・マーケットやグロッサリー・ストア、コンビニエンス・ストア、リキュール・ショップ、日本食レストラン、マンハッタン橋に近いチャイナ・タウンの食料品店、チャイナ・タウンの隣にあるイタリア人街のリトル・イタリー、韓国系の食品スーパー、さらにハドソン川の川向うに出店している日系のスーパー・マーケットなどを調査した。そして最後に訪問したのが、ニュージャージー州に拠点を置く日本食品の専門商社のニューヨーク支社である。

マンハッタンにはどれ位の数の日本食レストランがあるのか、その正確な数を把握するのは難しい。130軒程度とする説もあれば150軒程度あるという人もいる。当時、すでに140~150軒程度の日本食レストランや飲食店が営業していると言われていたが、どこまでを日本食と看做すかによって、その数に自ずと幅が出てくるのは無理からぬことである。その後の調査によると、私が調査した10年後には日本食を提供する飲食店の数は、ニューヨーク州だけでも800店に増えたようである。昼時になると、マンハッタンのビジネス街には弁当を販売する露店が出ていた。

折からの日本食ブームを背景に、イタリアン・レストランの店内にまで寿司カウンターが設けられていたのにはびっくりした。レストランの店内にスシ・カウンターやすしバーを設けたら、売り上げが大きく伸びたという話も聞いた。マンハッタンのスーパー・マーケットの店内の一角には寿司を握るコーナーが設けられており、ヒスパニック系の若い男女の店員がパック詰めする巻き寿司を作っていた。テイク・アウトのパック寿司が、スーパー・マーケットやコンビニエンス・ストアなどに着実に市場を広げていた。

アジアでよく目にする「日式」と同じで、ここアメリカでも真っ当な日本食から見れば邪道と思われるような日本食を提供する飲食店が少なくないことも事実である。日本に行ったこともなく、日本で料理の修業を経験したことのない人達が、見よう見まねで作る日本食だから致し方ない。

民俗学者の石毛直道教授が指摘するように、異文化の受容にさいして、自分たちの文化にあうように変形して受け入れることによって定着する「文化変容」が起こることは、決して不自然なことではないのである。日本でも、フランスのコートレットがトンカツになり、中華そばがラーメンに、そしてインド原産のカレーも、日本人の嗜好に合わせて変形されて現在に至っている。

ウオール街に近いリキュール・ショップでは、ワイン、ウイスキー、ビールなどとともに、久保田や八海山や天狗舞、浦霞、真澄といった日本国内でブランド酒と呼ばれている40から50銘柄もの有名酒蔵の純米酒や吟醸酒が販売されていた。１９９０年代からは、ジャポニカ米が栽培されているカリフォルニアなどを中心に日本酒の現地生産も始まっており、日本から輸入される日本酒に比べてかなり割安であることから、徐々に市場が広がっていた。

最後に訪問したのが、ニュージージー州に本拠を置く神戸の日本食品専門商社N社のニューヨーク支社である。N社では現地の日本食レストラン向けの日本食品・食材はもとより、アメリカですしバー、鉄板焼き、居酒屋といった日本食関連ビジネスを開店するのに必要な器材、食器、のれん、包丁、まな板、はっぴに至るまで、ありとあらゆる商品を取り扱っていた。

さらにN社では、カリフォルニア州のサクラメント近郊の日系農場で栽培されているジャポニカ米、いわゆるカリフォルニア米を、当時、東海岸でもブームになっていたすしバーに「すし米」として供給する事業にも取り組んでいた。すし米の取引はニューヨーク州はもとより周辺州や南部の州にまで拡大しており、その規模は既に数千トンに達しているという。

驚いたことに、N社の取り引き先は、一日1店舗の割合で増加しているという。つまりそれは、日本食がアメリカ社会において既にブームを通り越して日常化しつつあることを意味している。

私が最初にアメリカに滞在した1990年代の初めにも、既に人口5万人程度の町には必ず一軒程度の日本食のレストランが営業していた。あれからおよそ10年が経過し、アメリカ社会における日本食の地位は確固たるものになったといえよう。日本食はアメリカ社会で新たな消費財としての地位を確立し、新しい市場の創出に成功したのである。

マンハッタンのヒット食品「冷凍エダマメ」

――アメリカ・ニューヨーク州

日系の専門商社が経営するその食品スーパーは、50番街に近い場所にあった。コンビニエンス・ストアの2倍程度の広さのこのスーパーには、ほぼ日本国内と変わらない日本の食品や食材が品揃えされていた。日本総領事館に比較的近いこともあって、日本人のお客さんも少なくないということであったが、メインの顧客層はいわゆるニューヨーカーと呼ばれるアメリカ人である。日本食人気も追い風となって日本食品の売れ行きは順調だったが、なんと最大のヒット食品が「冷凍エダマメ」だと聞いて驚いた。

アメリカの食品・医薬品局（ＦＤＡ）が、心臓病などへの大豆の効能を発表して以降、大豆食品、とりわけ枕ぐらいの大きさのビニール袋に包装された冷凍のエダマメが良く売れているという。冷凍エダマメのことは西海岸でも耳にしていたが、これほど売れているとは思わなかった。この食品スーパーでは、週に数十袋の単位で冷凍エダマメが売れているという。価格は1袋1ドル程度で、リーズナブルな値段である。それもそのはずで、これらの冷凍エダマメは台湾や中国、タイ国などで加工されたアジア産の冷凍エダマメなのである。

エダマメは大豆の未熟種子を指しており、エダマメの品種、或いはその改良（育種）も含めて広く捉えれば、大豆の一用途として大豆に包含されることになる。エダマメは、大豆の在来品種と同じように、地域の農家の自家採種による選抜によって維持されてきたものであり、大豆と同じように、熟期や草姿だけでなく、小葉の形や数、種皮色、子葉色など多様性に富んだ品種が各地に残っている。日本では、エダマメの生産と消費が東北地方や関東地方、中部地方といった東日本一帯に多いこともあって、エダマメの在来品種は東日本に多く残っている。

大豆と同じように、エダマメの品種も「秋型」から「夏型」「中間型」まで範囲が広く、在来系には茶豆系、黒豆系、青豆系などの品種がある。主な品種には、「だだちゃ豆」（山形県）、「小平方茶豆」（新潟県）と言った茶豆系、「丹波黒」（兵庫県）などの黒豆系、「青ばた」（宮城県）などの青豆系、「香り豆」（岩手県）、「鶴の子」、「雪の下」（北海道）などの淡緑系、黄色粒系などがある。とくに「鶴の子」、「雪の下」「錦秋」「緑光」などは冷凍加工用に使用されており、台湾や中国などで生産されている冷凍エダマメの品種の基になっている。

１９７０年代以降のビール・ブームの到来によって、ビアガーデン、ビアホール、居酒屋等の飲食店でのエダマメの需要増大を背景に、冷凍エダマメの一大供給基地になったのが台湾南部の高雄県や屏東県である。当時、台湾南部の高雄市の周辺に10社ほどあった枝豆の加工企業が中心となって、生産農家と農地契約を結んで大型の作業機械を導入して全面的な機械化によるシステマチックな枝豆生産が展開されていた。これらの冷凍エダマメの8割以上は、日本の商社や食品会社との契約取引によって日本市場に輸出されており、現在でも取引関係が続いている。

枝豆が栽培されている台湾南部の農地は、大型トラクターが作業し易いように大きな区画に整備されていた。数戸の生産農家をひとつの班に編成して栽培管理が実施されており、収穫にはフランス製の大型コンバインが使用されていた。その後、台湾の冷凍エダマメ生産は需要に供給が追い付かず、隣の中国の福建省などに生産拠点を拡大させていった。ところが、その後中国の食品工場で食品の安全性を脅かすような事故が多発したこともあって、いまでは多くの台湾企業が中国から撤退して台湾本土でのエダマメ生産に回帰しているという。

日本国内でも、ビールなどの酒の「摘まみ」として人気の高い冷凍エダマメは、その8割以上を台湾、タイ国などからの輸入に依存している。日本とアジアのエダマメ生産国との間には、冷凍エダマメの強固なサプライチェーンが形成されている。

これに対して、生産コストが割高な国内のエダマメ産地では価格競争ではなく、高品質なエダマメの生産とブランド化によって外国産に対抗している。北海道の中札内村のように、国内の学校給食への供給と同時に、米国、ロシア、香港、ドバイなどへの輸出をおこなっているエダマメ産地も現れているが、安価な外国産エダマメとの価格差が大きな課題になっている。今やグローバルな商品に成長した冷凍エダマメは、消費者の健康志向を背景に、今後も需要が拡大しているアメリカ市場はもとより、日本食人気が高まっているヨーロッパやアジア市場でも人気が高まってゆくもの思われる。

シアトルのサーモン・ステーキ
――アメリカ・ワシントン州

シアトルは、大リーグで活躍したイチロー選手が所属していたシアトル・マリナーズや、世界のeーコマースのリーディング・カンパニーであるアマゾンの本拠地でもある。そのアマゾンは、私がシアトルに行った2年後の1994年に設立されている。シアトルに行ったのは、クリスマスのちょうど1週間前だった。シアトルには、ニューヨーク北部のシラキュースから飛行機で移動した。タコマ空港からはリムジンバスで予約してあったダウンタウンのホテルに向かった。

1990年代の初めは、日本が史上空前のバブル景気によってアメリカの不動産を次々に買収した時期である。日本の不動産会社が、アメリカのシンボルとも言えるニューヨークのロックフェラー・センターを買収したことが大きなニュースになった。ここシアトルでも、主だったビルやホテルが日本の不動産会社などに買収されていたが、バブル崩壊によって買収したビルやホテルを手放す企業が増えていた。宿泊したホテルは、アメリカで日本人の研修生を受け入れている機関の駐在員の方に紹介していただいた。

翌日は、日本人研修生の受入機関のシアトル事務所に挨拶に伺った後に、ニューヨークから一緒に来た友人とともにシアトル市内を案内していただいた。シアトルは、カナダ国境に近いアメリカ西海岸の最も北に位置しているが、太平洋から流れ込む暖流の影響によって冬でも暖かく、緑が多くて自然の豊かな美しい都市である。アメリカ人が住んでみたい都市の第1位にシアトルを選ぶ理由がよくわかる。

シアトルで最初に行ったのは、ウオーター・フロントの一角にあるパイク・プレース・マーケットである。海沿いに長く伸びたマーケットには、海産物、野菜、果物などの農産品や観光客用の土産物などが販売されており、訪れる観光客と買い物客で賑わっていた。パイク・プレース・マーケットの近くには、作りたてのピルスナー・ビールが飲めるブルワリー・パブが営業しており、朝からビールを楽しむことができる。

シアトルはまた、いまやグローバルなコーヒー企業として有名なスター・バックス（通称スタバ）の創業の地であり、いまもスター・バックスの本社はシアトルにある。しかし、私がシアトルに行った当時まだそれほど有名ではなかった。さらに世界最大の航空機メーカーのボーイング社もここシアトルにある。

午後はスタンフォード大学とともに、アメリカ西海岸屈指の私立大学と言われているワシントン大学を案内していただいた。広大なキャンパス内には日本庭園のある植物園や州立の博物館などがあり、森林関係の学科もある。シアトルのあるワシントン州は農林水産業の盛んな州であり、リンゴの生産量とブドウの生産量が全米一、ワインの生産も盛んである。もちろん、水産業も盛んであり海の幸も豊富である。夕食には Like Union という湖の近くのサーモン料理のレストランに連れて行っていただいた。日本の旅行案内書などにはあまり紹介されていないが、シアトルではサーモン料理が有名だという。そのレストランでは日本では食べられないさまざまなサーモン料理を楽しむことができる。中でも大きな切り身のサーモン・ステーキは絶品だった。北海道の川でもシャケが取れる。しかし北海道で獲れるシャケとは一味違っていた。もちろん冬がくると、札幌の二条市場、函館の朝市、東京のアメ横でも新巻シャケを買うことができる。しかし、シアトルで食べたサーモン・ステーキの味は忘れられない。このサーモン・レストランは、シアトルに住んでいる日本人しか知らない穴場なのかも知れない。その後シアトルに行く機会がなくて確かめられないのが残念である。

レストランからホテルに向かう途中で、湖の対岸を指さしてあそこに見えるのが、かの有名なマイクロ・ソフトの創業者ビル・ゲイツの住まいですと教えていただいた。その住宅は湖に面して建っていた。翌日、シアトルからサンフランシスコに移動し、ナパ・バレー、モントレーを回ってロサンゼルス経由でイサカに帰った。

サムライとカリフォルニア・ワイン

――アメリカ・カリフォルニア州

カリフォルニアは、温暖で雨の少ない気候と小石の混じった独特の土壌が、カルベネ・ソーヴィニヨンやシラーやピノ・ノアール、シャルドネ、ジンファンデルといった葡萄の栽培に適していたことと、ワイン醸造家達の血の滲むような努力の積み重ねによって、遂に1976年開催の「パリ試飲会」でワイン界の王者フランス・ワインに勝利したことで一躍有名になった。

ヨーロッパ・ワイン、とくにフランス・ワインが支配的だったワインの世界で、新参者のカリフォルニア・ワインがフランス・ワインを圧倒したパリ試飲会での勝利に至るカリフォルニア・ワインの苦難の歴史は、ジョージ・M・テイバー（葉山考太郎、山本侑貴子訳）の『パリスの審判　カリフォルニア・ワインVS.フランス・ワイン』（2007年）」に詳しく述べられている。

パリスの審判によると、アメリカでワインが造られたのは、およそ1000年前に遡るという。アメリカに野生のブドウの木が自生しているのを最初に発見したのは、ノルウェーのバイキングの一団だった。その後、1600年代にはバージニアや、マサチューセッツでワインが造られるようになり、フランスのプロテスタントの一派がワインの醸造を目的に、サウスカロライナに入植している。

東海岸で始まったワインの醸造は、1850年代の半ば頃に西海岸に伝播した。アメリカで最初にワインの生産が成功したのは東海岸ではなく西海岸だったとも述べている。西海岸の自然条件がブドウの栽培に適していたものと思われる。カリフォルニアで最初の商業的なワイン生産を行ったのは、1857年にソノマに「ブエナ・ビスタ・ワイナリー」を設立したハンガリーからの移民アゴストン・ハラジーである。ハラジーは、ロバート・モンダビとともにカリフォルニア・ワインの父と呼ばれている。

1870年代から1880年代には、ナパやソノマに流入した海外からの移民やサンフランシスコの富裕層がワイン・ビジネスに参入し、第一次ワイン・ブームが到来した。しかしワイン・ブームは長続きしなかった。フィロキセラの発生と大恐慌によってカリフォルニアのワイン生産は衰退した。さらに1906年にサンフランシスコを襲った大震災と1920年に施行された禁酒法によって、禁酒法前に700を数えたワイナリーは130に激減した。

1933年の禁酒法の廃止によって、ワイナリーが急増したが、需要が伸びずに苦戦した。禁酒法はカリフォルニアのワイン生産に深い傷を残した。その後もヨーロッパ・ワイン主導のアメリカのワイン消費によって、カリフォルニア・ワインは茨の道を歩むことになった。カリフォルニアのワイン生産が大きく前進したのは、ワイン醸造の技術革新によって質の高いワインが生産されるようになった１９６０年代以降である。

私が初めてナパ・バレーに行った１９９０年代の初めには、既にナパ・バレーは世界屈指のワインの産地として知られていた。ワインとは全く縁のなかった私がワインに興味を持ったのは、小規模ワイナリーが支配的なワイン産業と、日本酒の産業組織に共通点があるように思えたからである。２回目のナパ・バレーは、ワインの調査ではなくラベルの調査だった。ワインのラベルの表示は日本酒などに比べて非常に細かい。表はさっぱりしているが、裏面には基本情報がしっかり記載されている。これに対して日本酒などの表示は表はごちゃごちゃしているが裏面は原料（米）の精白歩合程度しか記載されていないものが多い。

４２８５軒のヴィンヤードと１９０５軒のワイナリーによって、年間およそ27億トンのワインを醸造するカリフォルニアは、世界第４位のワインの産地である。その中心であるナパ・バレーには５０0軒のワイナリーがある。

そのカリフォルニア・ワインの発展に、ある日本人が関わっていたことはあまり知られていない。その人の名は長澤鼎という薩摩藩士で、れっきとしたサムライ（武士）である。長澤鼎は13歳の時に薩摩藩英国留学生の一員としてイギリスに渡った。1862年の生麦事件に端を発したイギリスとの戦争（薩英戦争）によって、欧州列強の軍事力の強大さを知った薩摩藩はイギリスと和睦した後の慶応元（1865）年に、国禁を犯して10代の少年15名を密かにイギリスに留学させた。彼らの中には、後にわが国初の駐米大使や初代文部大臣、駐英大使などを務めた森有礼や後の東京帝国大学の前身である開成学校の初代校長になった畠山丈之助や大阪発展の礎を築いた五代友厚、東京国立博物館の創立者である町田久成などが含まれており、明治維新後の日本の近代化に大きな役割を果たした。

当時13歳と最年少だった長沢鼎は、大学に入学できる年齢に達していなかったため、イギリスの大学に入学できなかったことから、やむなく1867年にアメリカに転学した。ニューヨークでワインの醸造学を学んだ長澤鼎は、その後師と仰ぐT・L・ハリスとともにカリフォルニアに移住した。日本人初の米国移民として、カリフォルニアでワイン・ビジネスの基礎を築いた長澤鼎は「カリフォルニアのワイン王」と呼ばれた。

長澤の存在が明らかになったのは、1983年に来日したアメリカのドナルド・レーガン大統領が日本の国会で演説し、長沢鼎という薩摩（鹿児島）出身のスチューデントが、アメリカのワイン業界で歴史的な偉業を成し遂げたと彼を讃えたことによる。その長澤鼎の82年の人生は13歳でのイギリスへの留学、そして15歳でのアメリカへの転学、カリフォルニアへの移住と葡萄栽培とワイン醸造のスタート。しかし順調だったワイン・ビジネスも1920年の禁酒法によるワイン醸造の停止、太平洋戦争による日系人の財産没収、日系人の強制収容など波乱に満ちたものだった。

長沢鼎が１８８２年に設立した当時ファウンテング・ローブ・ワイナリーという名称だった長澤ワイナリーは、２０１８年にカリフォルニアのナパ・ソノマ地域を襲った山火事によって焼失した。ただ最近の映像で、70年前の長沢ワインが数本残っていることが確認された。現在、長沢鼎を含む15名の薩摩藩英国留学生をモチーフにした「若き薩摩の群像」の像碑が、鹿児島中央駅前に鎮座している。

私は長澤鼎がどんな人か知らない。長澤鼎が、年齢が足りなくてイギリスの大学に入学できなかったためにアメリカに渡ったことは判っているが、しかしアメリカに渡った長澤が、なぜニューヨークでワインの醸造学を学び、その後カリフォルニアに移って１８７５年にソノマ・バレーでワイナリーを経営することになったのか、なぜ長澤鼎がワインに興味を持ったのかを知りたいと思った。関根絵里さん（フード&ライフスタイル・ライター／コーデイネーター）の取材記事を読んで、長澤鼎がアメリカに渡ったのはトーマス・レイク・ハリスという宗教家との出会いだったことがわかった。

長澤の造るワインは、アメリカのワイン・コンクールで数々の賞を受賞し、カリフォルニアの10大ワイナリーに数えられるようになった。嘗て長澤が留学したイギリスに、最初に輸出されたカリフォルニア・ワインが、長澤ワインだったというのも不思議な巡り合わせである。

カリフォルニアで「Greape King（ブドウ王）」「バロン（男爵）ナガサワ）」と呼ばれて、アメリカ人からも尊敬された長澤鼎のワイナリーは、周囲20キロメートル、使用人３００人、資産は２千万ドルに達した（犬塚孝明著『薩摩藩英国留学生』中公新書）。彼の死後、長澤ワイナリーはアメリカ人に引き継がれ、彼の栄誉を讃えていまも長澤の名前をブドウ畑やワインのブランドに使用しているという。

1964年には、中井章恵氏がカリフォルニアで「ナカイ・ヴィンヤード」を、大阪のゲーム・メーカーのオーナー辻本憲三氏も「KENZO ESTATE rindo」を設立している。さらに、カリフォルニア大学醸造学科で学んだ中村倫久氏も「ナカムラ・セラーズ　ノリア　ピノ・ノアール　サンジャコモ・ヴィンヤードソノマ・コースト」を設立するなど、カリフォルニアのワイン業界で活躍する日本人はあとを絶たない。

カリフォルニア・ワインの魅力は、完熟したブドウのしっかりした果実味と甘みとクリーミーな飲み心地にあると言われている。私はあまりワインには詳しくないが、カリフォルニア・ワインの中ではシャルドネで醸した辛口のシャブリが好きである。ナパバレーでは、まず最初に行ったのがカリフォルニア・ワインの父と呼ばれる「ロバート・モンダヴィ・ワイナリー」だった。創始者のシェザーレ・モンダヴィは、1906年にイタリア中部の農村からアメリカに移住し、ミネソタの鉱山で働いた後にカリフォルニアに移住してワイン醸造に着手した。彼の亡きあと、二人の息子ロバートとピーターがワイナリを継承したが、その後二人は対立して袂を分かつことになった。父親の設立したワイナリーを追われたロバート・モンダヴィは、最高級のワインを醸造するため新たなワイナリーを立ち上げた。ロバート・モンダヴィ・ワイナリーはその名に違わず素晴らしいワイナリーだった。カリフォルニアに行って、ワインの世界では土地のロケーションが大事であること、ワインはブドウ畑が主役であることを再認識した。

世界のトップ・ブランドのひとつとなったカリフォルニア・ワイン、しかしそのカリフォルニア・ワインは、一朝一夕に出来上がったものではない。そこに至るまでには苦難に満ちたたくさんのドラマがあった。カリフォルニア・ワインの父と呼ばれるアゴストン・アラジーとほぼ同時期にカリフォルニアに移住し、荒野を切り開いて葡萄の栽培とワインの醸造に尽くした長澤鼎は、まさにカリフォルニア・ワインのパイオニア（pioneer）のひとりだったといえよう。

ガーリック王国ギルロイ

――アメリカ・カリフォルニア州

サンフランシスコ空港から国道101号線を一時間程度南下した地点に、西のハーバードと呼ばれる名門スタンフォード大学とアメリカのIT企業の拠点であるシリコンバレーがある。

さらに国道を南下したサンノゼとサリナスの中間地点にギルロイの町がある。実はこのギルロイは、知る人ぞ知るガーリック（にんにく）の一大産地なのである。タマネギと親類関係にあるガーリックは、その独特の強い臭いのためにアメリカの消費者にも余り好まれなかったようである。ヨーロッパでは、長い間、その独特の臭いが嫌われて野蛮な食物として避けられてきたが、疫病予防に効果があることが判ってからヨーロッパ全域に広まったと言われている。ニンニクの原産地は、中央アジアからメソポタミア地方の砂漠地帯だと言われている。スタミナ源だったニンニクは、エジプトのピラミッドの建設工事にも利用されたようであるが、その後、ギリシャやローマなどの地中海諸国から次第にヨーロッパ全域に広まったようである。

アジアにはシルクロードを経て伝わったとされているが、塚田孝雄氏（食悦奇譚）によると、中国ではニンニク、ラッキョウ、ニラ、ネギ、アブラナ、ヒル、コエンドロといった匂いのあるものを禁じていた時期があり、とくに仏教と道教の修行僧にはこれらの食材はご法度だったようである。

日本ではニンニクはかなり古くから疫病予防や悪霊退治、兵食などに用いられてきたが、臭みが災いして焼き肉ブームが起きるまで格式の高い料理などにはほとんど使用されてこなかった。

アメリカでもポピュラーな食材ではなかったニンニクは、主にイタリア、スペインなどへの輸出向けに栽培されていたようである。なぜ、ギルロイでニンニクが栽培されるようになったのか、その歴史的な経緯は明らかではないが、嘗てカリフォルニアが隣のニューメキシコなどとともに、スペイン領だったことからスペイン経由でこの地に伝わった可能性がある。１８４６年に起きたメキシコと合衆国の領土戦争によって、カリフォルニア州はアメリカの領土に組み込まれることになった。カリフォルニア州内の地名や食文化に、スペイン時代の影響が残っているのはそのためである。

ギルロイが、いつ頃から“GARIC CAPITAL of the World”と呼ばれるガーリック王国になったのか。ギルロイの街は、〝ガーリック・フェステイバル〟、〝ガーリック・ショップ〟、〝ガーリック・グロッサリー〟、〝ガーリック・ワールド〟といった看板で溢れている。日本流に言うならば、さしずめ、にんにくによる町おこしといった感がある。ただ、広大なアメリカ大陸の中にあって、なぜカリフォルニアのギルロイがニンニクの一大産地になったのかはよく判らない。

そしてこのギルロイは、日本で最高品質のにんにくの産地として有名な青森県の田子町と姉妹都市の関係にある。毎年夏になると、双方の小学生達がギルロイと田子町を相互訪問して交流を深めている。両町の間には職員の相互交流制度があり、両町の職員が1年間ギルロイと田子町に滞在して働いている。

近年、日本からも黒ニンニクなどのニンニク商品が、健康志向が高まっている中国などのアジア市場向けに輸出されるようになっているが、ギルロイ産のニンニクはヨーロッパを中心に世界各地に輸出されている。ニンニクの加工工場では、ヒスパニック系の女性たちが皮を剥いて洗浄したニンニクの瓶詰め作業をしていた。瓶詰めされていたニンニクは、スペインやイタリアなどへの輸出用だという。その4日後に訪問したサンデエゴの海辺のレストランでは、注文したパスタ（ボンゴレ）に、大玉のニンニクが数個、カットされないままの姿で乗っかっていた。フュージョン料理の発信地である西海岸では、ニンニクをふんだんに使った料理が多いのも頷ける。

ギルロイでは市内のモーテルに一泊して、モントレー郡の教育長や青森県の田子町から派遣されていた国際にんにくセンターの職員と夕食を共にした。最近、教育学博士の学位を取得したという教育長は、ユーモアを交えて Ph. D is high, Dr. Education is low と言ってアメリカでは教育学博士の評価が低いといって我々を笑わせた。

ギルロイからちょっと足を延ばすと、全米オープンで有名なペブルビーチ・ゴルフコースやジャズ・フェスティバルや水族館などで有名なモントレー半島がある。この美しい観光地には、“Montrey International Studies”という学生数７００名程度の小さな大学（大学院もある）があって日本からの留学生も多い。モントレー海岸の浜辺では、オットセイを間近に見ることができる。

モントレーの隣にあるのが、ハリウッド映画で有名なクリント・イーストウッドが村長を務めたカーメルである。サンデエゴに移動するため、カーメルに立ち寄る余裕はなかったが、画家、詩人、音楽関係者などアーチストが多く住む芸術の町としても知られている。サリナスを含めて、モントレーやカーメルのあるモンテレイ郡一帯は昔から日本との繋がりの深い地域なのである。

日系移民と世界のサラダボール・サリナス

――アメリカ・カリフォルニア

サリナスといえば、ジェームス・ディーン主演の映画「エデンの東」を思い出す。「エデンの東」が制作されたのは1955年（昭和30年）であるから、私がこの映画を知ったのはだいぶ後になってからである。彗星のようにハリウッドに現れたジェームス・ディーンは、「エデンの東」「理由なき反抗」「ジャイアンツ」の3作を残して22歳の若さでこの世を去った。甘いマスクと神経質そうな人気男優の突然の事故死は、それだけでも映画以上にドラマチックだった。

この映画はノーベル賞作家スタインベックの原作であり、旧約聖書のアダムの子カインとアベル兄弟の物語を現代風にアレンジしたものである。サリナスで農場を営むアダムには二人の息子がいて、兄のアーロンは父親の信頼が厚く、一方、乱暴者の弟のキャルは父親に疎んじられていた。何とか父の役に立とうと大豆の相場で大儲けするが、逆に父の逆鱗に触れてしまう。ジェームス・デイーンは父の愛情を求めて苦悩する青年を見事に演じ切った。

サリナスはまた、同じスタインベックの小説「怒りのぶどう」（1962年）の舞台にもなっている。オクラホマの農村から2000マイル離れたカリフォルニアを目指して移動する農民一家を描いた「怒りのぶどう」（主演ヘンリー・フォンダ）も、映画化（アカデミー賞監督賞）されている。なぜこの二つの作品がサリナスを舞台に作られたのか、サリナスがスタインベックのふるさとだったからなのか、その理由はよく判らない（現在、スタインベックの生家は「スタイン・ベックハウス」というレストランになっている。さらに国立の「スタインベック・センター」も建設されている）。そして、この二つの作品には農業が深くかかわっている。

渋谷の東急文化会館の中に東急名画座という40席ほどの小さな映画館があって、昔の名作映画を上映していた。映画好きだった私は、時々この名画座に映画を見に行くのが楽しみだった。

映画の舞台になったサリナスは、カリフォルニア州の中部に広がる農業地帯である。近くには美しいモントレー半島がある。実はこのサリナスは、世界のサラダボール（Salad bowl of the World）と呼ばれている野菜の大産地なのである。サリナスは、サンフランシスコ空港から南に150キロ程度の地点にあって、途中にシリコンバレーやスタンフォード大学がある。古くから、カリフォルニア州はハワイ州などとともに日本からの移民の多い地域であり、とりわけ、ハワイとカリフォルニアは広島県からの移民が多かったと言われている。サリナスのあるモントレー郡には最盛期には2万人を超える日本人移民が農業などの第一次産業に従事していたという。

広島県出身の谷村さんも、そうした日系移民の一人である。幼い時に両親と一緒にサリナスに入植された谷村さんは、両親の死、太平洋戦争中の強制収容、財産没収といった多くの困難を乗り越えて、アメリカを代表するアグリビジネスのひとつ谷村農場（通称、正式名称はT＆A、以下、谷村農場と略す）を築かれた。

サリナスに行ったのは全くの偶然である。当初、谷村農場は訪問予定に入っていなかった。訪問を予定していた農産物貿易会社の情報で、谷村農場の存在を知ったのである。谷村農場に案内してくださったのは、カリフォルニアで全米一のカーネーション農場を経営している九州出身の日系移民の方である。私たちと話される時は日本語だったが、お二人が話される時は英語だった。長いアメリカ生活の中で、日本語よりも英語の方が意思疎通がし易いのだろう。

谷村農場の経営面積は、1万ヘクタールとも1万2000ヘクタールとも言われている。手狭になったサリナスの他に、アリゾナにも農場がある。その企業規模は、世界最大の青果物メジャーであるＤｏｌｅに次いで全米2位である。日本のゴルフ場のクラブハウスのようなお洒落な本社ビルの建物の中に入ると、ロビーの右手側に受付があった。われわれの訪問は事前に連絡してあったので、30代位の女性社員が私達を出迎えてくれた。その女性が、私達の後方を指さしてあの方がオーナーの谷村さんですと紹介してくれた。そこには野球帽にジャンパー姿の小柄な老人が立っていた。当時82歳の谷村さんは、すでに経営の第一線から退かれていたが、時々、自分で自家用車を運転されて会社に来られるという。谷村さんには私達の訪問を知らされていない。当日は、たまたま会社に来られたという。私達は非常に幸運だった。

谷村農場の本社スタッフは150名程度、野菜を収穫する現場のスタッフは3000人を超えるという、専任の弁護士が2人。2台の大型コンピュータが設置されており、100台を超える小型コンピュータには、世界中の青果物の市場価格が映し出されている。

本社ビルの近くには、アメリカ映画でよく目にするあの煙突を建てた大型トラック18台が一度に発着できるトラック専用のターミナルが建設されている。谷村農場で収穫されたブロッコリーなどの野菜類は、このトラック・ターミナルからアメリカ各地はもとよりヨーロッパやアジアなど世界中に輸出されている。ヨーロッパ向けの野菜は、大型トラックで昼夜2日間かけてニューヨークまで輸送され、ニューヨークからは船でヨーロッパ各地に輸送されるという。香港やシンガポールなどアジア向けにも輸出されており、高級ホテルなどの食材として使われている。商品が陳列されているショールームには、輸出先国毎に異なったブランド名が付されており、たとえば中華圏用には「88」といった縁起の良い商品名が使用されていた。

谷村農場の商品は生鮮野菜だけではない。農場の近くにはカット野菜の工場があり、カット野菜の製造工場では、透明なプラスチックの容器にカットされた野菜と、ドレッシングとフォーク、ナプキンがセットになった野菜サラダが作られていた。谷村農場の野菜サラダは、アメリカ各地のスーパー・マーケットに出荷されており、スーパーの店頭でこの野菜サラダを購入するとそのまま食べられるようになっている。

農園を見渡せる本社の奥まった場所に谷村さんの office がある。Office のデスクには、お孫さん達に囲まれた谷村さんの家族の写真が飾ってあった。広島県出身の谷村さんは、小学校に入学する前に両親に連れられてお姉さん、弟さんと一緒にこのサリナスに移住されたという。入植後、お姉さんだけは日本の教育を受けるため、広島に返されたという。

入植後の谷村さん一家は、言葉も文化も異なるカリフォルニアで大変なご苦労をされたようである。入植して数年後、両親が病気で亡くなられたため、日本で教育を受けていたお姉さんがアメリカに戻って、幼い弟たちを育てたという。カリフォルニアでの最大の苦難は、日本の真珠湾攻撃で始まった太平洋戦争によって、アメリカの敵国民となった日本人は強制収容所に収容され、アメリカ政府によってすべての財産を没収されたことである。

戦後、谷村さんは多くの日系移民とともにゼロから再スタートせざるを得なかった。その後、谷村さんは多くの困難を乗り越えて、アメリカを代表する巨大なアグリビジネスを築かれた。その忍耐力と努力には頭が下がる。野菜ビジネスで世界中を飛びまわられた谷村さんは、シリコンバレーに近いサンノゼ空港に自家用ジェットを所有されている。飾らない人柄で「私は農民ですよ」とおっしゃる谷村さんは、まさに「アメリカン・ドリーム」を実現した最高の日本人と言ってよい。最近、カリフォルニアを訪問した友人の話によると、すでに100歳を超えられた谷村さんは今もご健在だという。

リトル東京とカリフォルニア・ロール
――アメリカ・ロサンゼルス

アメリカの日本食ブームに火をつけたのが、リトル東京（Little Tokyo）にオープンしたアメリカで最初のすしバー（寿司レストラン）である。カリフォルニア州は、ハワイ州とともに日本からの移民の多い地域である。最盛期には数10万人の日本人家族が太平洋を越えてカリフォルニアに移住し、農業などに従事した。日系移民はすでに3世代、4世代を経てアメリカ社会に同化し、経済界はもとより教育界や政界などで活躍している日系人が少なくない。

アメリカに日本の食文化が持ち込まれたのは１９２０年代である。当初はカリフォルニアやハワイに移住した日本人移民を相手に、日系移民の出身地の調味料や食材などを提供するための「望郷食品」の輸入が目的だった。日系移民によって１９２６年に設立されたのが、日本からの食品を共同購入する共同貿易だった。当時、日本から輸入されていたのは、味噌、醤油、シイタケ、だし昆布などの干物類が主で、「タクアン貿易」と呼ばれていた。太平洋戦争によって「タクアン貿易」は中断したが、1951年に、後にロサンゼルスの共同貿易を引き継ぐことになる金井紀年氏が、ロサンゼルスの共同貿易に日本食品を輸出するために東京共同貿易を設立した。

1960年代になると、日本の戦後復興とともにアメリカへの日本製品の輸出が活発化し、アメリカに駐在する日本企業の社員とその家族が増加するに伴って、日本からの食品・食材の輸出が大幅に増加し、日系人向けの輸出から次第にアジア系移民そしてアジア系移民以外のアメリカ人社会に浸透するようになっていった。日本からの食品輸出を担ったのが、共同貿易、西本貿易、JFC（キッコーマン系）、セントラル貿易、石光商事といった食品の専門商社である。日本食と日本食品が、本格的にアメリカ社会に浸透し始めたのは1950年代以降である。その先駆けとなったのが、ロサンゼルスのリトル東京に開店したアメリカで最初の寿司レストラン（通称スシバー）である。

1984年に100周年を迎えたリトル東京は市庁舎（City Hall）の近くにあり、ロサンゼルス通りとアメラダ通りに挟まれた一角にある。今も日本食レストランや商店や銀行などがあり、昔の面影をとどめている。そのリトル東京から徒歩で15分程度の場所に、アメリカで最初のすしバー（寿司店）をオープンした金井社長の経営する共同貿易の本社（東京には日本本社がある）がある。

1964年に渡米した金井氏は、アメリカ社会向けに日本食品のビジネスを開始した。金井社長の渡米には周囲の強い反対があったと聞いている。渡米した金井社長は、アメリカで成功するには３つの条件が必要であり、そのひとつは、良い主治医をもつこと（アメリカには保険制度がなく、医療費が高い）、二つ目は、良い弁護士を持つこと（アメリカは訴訟社会である）、そして三つ目が、いい伴侶（奥さん）を持つことだという。渡米して間もなく、売り込みにきたユダヤ人コンサルタントを雇うことにした。その後、このユダヤ人コンサルタントと一緒に、これからアメリカでどんなビジネスが有望か、それを探るために世界各地を回ることにしたという。１９９０年代末に、アメリカの天才投資家ジム・ロジャースが世界中をオートバイで旅行したが〔21世紀この国が買い、この国は売り〕（講談社文庫）、金井社長の旅もこれに近いものだったといえよう。

最初に立ち寄ったのが東京である。東京に着いて、ユダヤ人コンサルタントを寿司屋に案内したところ、旨い旨いといって寿司を食べたという。二人は東京に１週間滞在した。日本を発つ前日、寿司屋に清算に行くと高額な金額を請求された。理由を聞くと、同伴したユダヤ人コンサルタントが毎日寿司屋に来て寿司を食べていたという。当時のアメリカでは日系人を除いて、寿司はおろか生の魚介類を口にする者は皆無に近かった。日系人以外のアメリカ人が生魚を食べるようになったのは、それからだいぶ経ってからである。

その後、ロサンゼルスに帰還した金井社長は、東京での体験がヒントになって、ひょっとしたらアメリカでも寿司がビジネスとして成り立つかも知れないと考えるようになった。程なくして、リトル東京にアメリカで最初の「寿司レストラン（寿司バー）の1号店を開店した。すしバーは順調だった。1号店の成功によって、高級住宅街として知られるビバリーヒルズに2号店を開店した。周知のように、ビバリーヒルズは映画の町「ハリウッド」の真下にある。しばらくして、「すしバー」には、ハリウッドの有名スターが足を運ぶようになった。「王様と私」や「荒野の七人」などで、日本でも有名なユルブリンナーがハリウッドの女優たちを引連れてよく食べに来たという。こうしたニュースが話題となって、アメリカ社会に「すし」や「日本食」の人気が高まっていったという。

アメリカでのすしブームによって、最初にアメリカに渡った日本のすし職人が当時のお金で1000万円（現在の貨幣価値にしておよそ1億円）を稼いで帰国したことが大きな話題となり、日本のすし職人がこぞってアメリカを目指した時代があったようである。金井社長は、その後カリフォルニアに寿司職人を養成する「SUSHI ACADEMY」を設立し、すし文化の普及にも尽力された。

ニューヨークの日本食ブームでも触れたように、今やすしを含めた和食は全米に拡散し、フレンチやヒスパニック料理などと融合したフュージョン料理、創作料理が次々に生まれている。その先駆けとなったのが、アボガドを海苔で巻いた「カリフォルニア・ロール」である。さらに、ドラゴン巻きといった新メニューや、ロッキー青木（故人）が開店した鉄板焼きレストラン「紅花」のように、料理人の派手なパフォーマンスを売りにした日本食レストランなどが現れた。

アメリカ人がすしを抓む時に、大量のわさびをたっぷりの醤油に浸して食べるのはなぜかと聞いたことがある。その答えは意外なものだった。〝ツーン〟と鼻に来るワサビの強烈な刺激が、セックスの後のエクスタシーと同じ快感を与えるのだという。アメリカならではのワサビの効用である。日本ではワサビ抜きのすしを注文する人も少なくないが、アメリカではワサビ抜きのsushiは気の抜けたビールに等しいことを知った。

オセアニア

メルボルンのカフェ・ストリート

食の都メルボルンのカフェ

——オーストラリア・ビクトリア州

メルボルンは、〝ガーデンシティ〟の名に違わず緑の豊かな美しい街である。そのメルボルンは、英国の経済誌の調査で、7年連続で「世界で最も住みやすい都市」の第1位に選ばれている。歴史を感じさせるビクトリア様式の建物と近代的な高層ビルが立ち並ぶメルボルンの街は、英国系、フランス系、イタリア系、インド系、中国系、韓国系の人々で溢れている。市内を流れるヤラ川の近くには、テニスの4大大会のひとつ全豪オープンの会場となるメルボルン・パーク・テニスセンターがある。

メルボルンに来て一番感動したのは、メルボルン・セントラル駅近くにあるビクトリア州立図書館である。1856年完成のオーストラリア最古のこの公共図書館には、書籍、絵画、写真など500万点以上のコレクションがあるという。正面玄館を入ると目の前にはドーム型のラトローブ読書室が広がっており、歴史を感じさせる荘厳な建物とその規模の大きさに圧倒される。一日に数千人が利用するという図書館は、新聞だけを購読することが可能な読書室などいくつもの部屋に分かれており、だれでも気軽に利用することができる。今から１６４年前の江戸時代の末期に、これほど壮大な図書館が作られたこと自体が驚きである。18世紀にこの地に入植を開始した英国人は、オーストラリア大陸に大きな夢と可能性を見出していたのかも知れない。図書館の正面の広場には巨大なチェス盤が置かれており、老年と中年の男性二人がチェスを楽しんでいた。前庭の芝生にはたくさんのハトが戯れており、観光客や子供連れの市民の憩いの場所になっている。

セントラル駅前のラトローブ・ストリートを右折して、エリザベス・ストリートを直進するとメルボルン市民の台所クイーン・ビクトリア・マーケットに行きあたる。ダイコン、白菜、ニンジン、ネギ、ブロッコリー、ジャガイモ、カボチャ、イチゴ、マンゴー、オレンジ、ハム・ソーセージ、ワインなどありとあらゆる農産物、水産物、肉類、食品が揃っている。ビクトリア・マーケットで手に入らないものはない。日本の20倍の国土と、冷温帯から熱帯まで変化に富んだ気候条件に恵まれたオーストラリアでは、野菜、果実、小麦、コメ、日本でもお馴染みのオージー・ビーフをはじめ多種多様な農畜産物が生産されている。讃岐うどんの原料となる小麦（ＡＳＷ）をはじめ、マグロやアワビなど多くの農水産物が日本にも輸出されている。その日本は、カロリー・ベースで60％以上の食料を、オーストラリアなどの外国に依存する食料の輸入大国である。ビクトリア・マーケットからの帰りに、豊かだといわれる日本の食卓が、実は砂上の楼閣に近い状態にあることを考えずにはいられなかった。

メルボルンはまた、オーストラリアを代表する食の都でもある。メルボルンの中心部には、モダンオーストラリア料理からチャイナタウンの中華料理、イタリアン・ストリートのイタリア料理、英国料理、フランス料理などなど世界の代表的な料理を提供する飲食店が軒を連ねている。

中でも私が驚いたのは、KANJURO 勘十郎、Ginza TEPPANYAKI、将 SHOU SUMIYAKI、RICE WORK SHOP ご飯ワークショップ、JAPANESE RICE BOWL BAR、JAPANESE IZAKAYA RESTRANT、北海道ケーキショップなど、日本食を提供する飲食店の数の多さと、日本食品を扱っている食品スーパーの品揃えの豊富さだった。聞くところによると、これらの飲食店や食品店の経営者には、日本に留学経験のある中国系や東南アジア系の移民が多いらしい。彼らは日本で学んだ日本料理や日本食品のノウハウを活かして、ここメルボルンで日本食レストランやテイク・アウト店や食品店などのフードビジネスを展開しており、日本とオーストラリアとの間には彼らのネット・ワークを活かした日本食品のサプライ・チェーンが構築されているようである。

オーストラリア訪問のもうひとつの目的は、オーストラリア有数のワインの産地であるヤラバレーに行くことである。オーストラリアには南オーストラリア、タスマニアのテイマバレー、モーニントンなど多くのワインの産地があるが、中でも繊細なピノ・ノワールの産地であるヤラバレーは最高級ワインの産地として知られている。ヤラバレーには、メルボルン近郊でイチゴの試験栽培に取り組んでいる今林さんにお願いして、車で案内してもらうことにした。ところどころにコアラの姿を見掛ける国道から、人家のほとんどない林の中の砂利道をおよそ2時間ばかり走った右手の斜面にジャングルを切り開いたブドウ畑が見えてきた。その右手には住宅らしい建物がある。住宅に近づいて声をかけると中から経営者らしい男性が現れた。日本人だと伝えると住宅の地下にあるワイン貯蔵庫に案内してくれた。造っているワインはすべてオーガニック・ワインだという。ブドウ畑にも案内してもらった。広いブドウ畑には、鳥害を防ぐために白い網がかけられている。醸造したワインの大部分は、インドネシアの観光地バリ島やシンガポールなどに出荷しているという。記念にワインを一本購入した。

ヤラバレーの中心部に向かう途中のブドウ畑では、4、5人の男たちが手作業でブドウの収穫作業をおこなっていた。次に向ったのがOAKRIDGEとDE BORTOREIの二つのワイナリーである。この二つは規模の大きなワイナリーであり、レストランが併設されている。ヤラバレーでは、メルボルンからワイン・ツーリズムに来ている数組の中国人観光客のグループと遭遇した。ワイナリーの入口やCellar Doorのワイン売場には、いたる所に中国人観光客を歓迎する「歓迎光臨」の張り紙が見られた。嘗ては日本人観光客が最大のお得意様だった世界各地の観光地は、いまや中国人と韓国人に占領されたかの感がある。時代の変化とは、こんなことを指しているのかも知れない。

結局、今回は80以上と言われるヤラバレーのワイナリーのうち、YERING、NAPOLEONE、PUNT

ROADなど大小7つのワイナリーを廻るのが精いっぱいだった。ヤラバレーのワイナリーを回るだけでも容易でないことを身をもって体験した。ましてや、この広いオーストラリア各地のワイン産地を回るのは至難である。

翌日は、オーストラリアの会社と日本の会社が連携して取り組んでいるイチゴ農園を見に行った。イチゴ農園にはセントラル駅から1時間ほど電車で移動し、郊外の駅で下車して、そこからは今林さんの車で移動した。ガラス温室のあるイチゴ園までは、途中のファストフード店でのランチを含めて概ね2時間程度の距離である。イチゴ園に向かう途中には広大な牧場が広がっており、肉用牛が牧草を食んでいた。

イチゴ用のガラス温室は3棟に分かれており、現在、その一部で収穫作業が行われていた。メルボルンでは他にもイチゴを栽培してる現地の企業があるらしく、その農園のイチゴがメルボルン市内で販売されていた。ガラス温室の天井からワイヤーロープで吊るした容器に、培養した溶液を流して栽培される日本品種のイチゴの実は、福岡のあまおうや栃木のとちおとめなどに比べてやや小ぶりだった。収穫したイチゴはメルボルン市内のスーパーや飲食店などに出荷しているが、本格的な商業生産はこれからだという。

メルボルンで圧巻だったのが、イタリアから伝播したというカフェ文化である。ビクトリア・マーケットの見学を終えて、大小様々なカフェが立ち並ぶセンター・プレイスまで徒歩で移動した。この一帯は、レーン・カフェと呼ばれるメルボルンのカフェ文化の中心地である。ユニオン・ジャックの影響下にあるオーストラリア（ニュージランドも同じ）では、コーヒーよりも紅茶の方が好まれているだろうという私の予想は完全に覆された。

アメリカ独立戦争の切っ掛けとなった有名な「ボストン茶会事件」によって、アメリカン・コーヒーが誕生したのは有名な話であるが、17世紀に入ってからヨーロッパでも紅茶に代わってコーヒーを嗜好する人が増えていったようである。１６５２年にロンドンで誕生したコーヒー・ハウスは、やがてパリやヴェネツイアやウイーンに伝播して、カフェという新たなコーヒー文化を生み出した。

イタリアからメルボルンに持ち込まれたと言われるカフェ文化はこの街に定着し、いまではカフェの数は本場パリを凌ぐほどだという。エチオピアで獲れるCAVEEと呼ばれる種から取った黒い色をした飲み物が、インスタンブールからヴェネツイアに持ち込まれ、ヨーロッパで最初のコーヒー店がオープンしたのが１６８３年。オスマン帝国が起源と言われるコーヒー文化が、ヨーロッパからオーストラリアに伝わったことは理解できたが、しかしそのカフェ文化がどうしてメルボルンで花開くことになったのか、メルボルンの街に溢れるカフェと日本食を見て、食文化のもつ不思議な力を感じずにはいられなかった。

元来、食文化には国境がなくグローバルなものである。私達が食べている野菜の多くは南米のアンデスが原産地であるし、アメリカ独立戦争の誘因になった「ボストン茶会事件」がアメリカン・コーヒーを誕生させたことは先に述べた。メルボルンが〝世界で最も住みやすい都市〟の第1位に選ばれた最大の理由は、実はこの豊かな食文化にあるのではないか、私にはそう思えてならなかった。

羊とニュージーランド・ワイン

――ニュージーランド

ニュージーランドに行ったのは２０１３年の夏である。真夏の日本から真冬のニュージーランドに行くことになって、箪笥に仕舞ってある冬服の準備に追われた。成田からオークランドまではおよそ10時間半のフライトである。早朝のオークランド空港は思ったよりも暖かかった。ニュージーランドに行ったのは、オークランドに住んでいる教え子に同行して北島と南島のワイナリーの調査を手伝うためである。

オーストラリアの東南に位置しているニュージーランドは、北島と南島の二つの島と小さな島々からなる自然豊かな国である。南島には世界中のトレッカーを魅了してやまないサザンアルプスや、日本人にも人気のミルフォード・サウンドなど風光明媚な景勝地が多い。

そのニュージーランドで、フランス・ワインやカリフォリニア・ワインに匹敵する高品質のワインが生産されていることはあまり知られていない。ワインの北限はドイツのライン河流域だと言われているが、南極に最も近いニュージーランは世界で最も南に位置するワインの産地であり、ワインの南限ということになる。そのニュージーランドは、気候的にはフランスのブルゴーニュ地方に近いとも言われており、白ワインの最高峰ソーヴィニヨン・ブランをはじめ、シャルドネ、ピノ・ノワール、ピノ・グリ、メルロー、リースリングなど20以上の個性的なワインが造られている。

オークランド市内から車でおよそ45分の所に、主にスパークリング・ワインを造っている家族経営のSOLJAINS ESTATE WINERYがある。SOLJIANS WINERYの特徴は、自社のCELLAR DOORとオークランド市内のリカー・ショップや料飲店などへの直売比率が高いことである。オークランドに近いこともあって、ワイン・ツーリズムで醸造所を訪れる外国人観光客も多い。SOLJAINS WINERYは、私の教え子が2年間インターン・シップでワインの醸造を学んだこともあって、TONY社長から直々にワインの醸造から販売まで詳しく話を聞くことができた。

2日目は、オークランドからフェリーで35分のワイへキ島に向かった。ワイへキ島は、温暖な気候を活かしたカルベネ・ソヴィニヨンやメルローの産地として知られており、島内には個性的なワイナリーが点在している。目指したワイナリーが休業していたため、島の中央にあるワイナリーでメルローを試飲しながら話を聞いた。造ったワインの大部分はCELLAR DOORの隣にあるレストランとワイン・ツーリズムの観光客に販売しているという。

次に向かったのは、アールデコ様式の建物が残っているネピアのあるホークス・ベイである。ホークス・ベイでは、日系のOHSAWA WINERY、個性的なワインで知られるBLACK BARN、テーブルワインで高い国内シェアを持つMISSION ESTATE WINERYとCHURCH ROAD WINERY、高級ワインで知られるCRAGGY RANGE WINERYなど6、7か所のワイナリーを調査した。

温暖な気候と独特の地形と小石を含んだ地層が、カルベネ・ソーヴィニヨンやメルローなどの赤ワイン用のブドウの栽培に適しているホークス・ベイは、ニュージーランドきっての赤ワインの産地として知られている。市内にある嘗ての修道院には、ニュージーランドで最も古い醸造所が残っている。

ニュージーランド最大のワイン産地である南島のマールボロでは、SACRED HILL WINERY、ALLEN SCOTT FAMIRY WINERY、CLOUDY BAY VINEYARD、有機ワインのHANS HERZOG WINERY、ニュージーランドでは珍しいシャンパン専門のNO.1 FAMILYTE WINERYなどを調査した。

西岸海洋性気候に属し、年間平均気温がおよそ10度、砂利がほどよく混じったマールボロの土壌は水捌けが良く、高品質のブドウの栽培に適しており、フルーテイな味と風味を兼ね備えた世界最高水準のソーヴィニヨン・ブランの銘醸地として知られている。今回、北島と南島の4つのワイン産地を訪問し、18のワイナリーでヒアリング調査を実施した。訪問した多くのワイナリーでは、ワイン・

メーカー（醸造師）の方々にタンクの中で醸造中のワインを試飲させていただくなど、ワインの知識に乏しいわれわれに多くの知見を与えていただいた。

2回目のニュージーランドは、2年後の2015年の夏である。この時は南島のマールボロにターゲットを絞って調査した。マールボロにターゲットを絞ったのは、マールボロがワイナリー数で全国の24％（168社）、生産量で75％（32万9572トン）を占めるニュージーランド最大のワインの産地だったからである。ワインの一産地に過ぎなかったマールボロが、なぜニュージーランド最大のワイン産地に成長したのか、その誘因となったワイン・クラスターの形成過程を明らかにするのが目的だった。ニュージーランドのワイン・クラスターは、競争戦略論で有名なハーバード大学のポーター教授によってその存在が示唆されていたが、その内容は解明されていなかった。このため、マールボロでワイン・クラスターがどのようにして形成されたのか、クラスターの形成過程とクラスターの構造と関連組織の役割を明らかにしたかったからである。最初に訪問したのは、クライスト・チャーチにあるリンカーン大学である。リンカーン大学の構内には小さな醸造所がある。アメリカのニューヨーク州からリンカーン大学に赴任しているGlen Creasy博士から話を聞くことができた。ワイン業界に多くの人材を送り出しているリンカーン大学の最大の貢献は、1980年にヨーロッパから侵入したフィロセキラ（Phylloxera）が、ニュージーランドのワイン業界に壊滅的打撃を与えた際に、アメリカから耐病性に優れた台木を輸入し、フィロセキラの拡大を阻止するなど防疫面からこの危機を救ったことだという。クライスト・チャーチの近くには、良質なピノ・ノワールとシャルドネで知られるワイパラ・バレーと、カンタベリーという二つのワイン産地がある。2011年のカンタベリー地震で大きな被害を受けたクライスト・チャーチの教会の建物は、まだ修復中だった。さらに南下したセントラル・オタゴには、136の個性的な小規模ワイナリーが集積しており、スパイシーなピノ・ノワールの産地として有名である。

マールボロは、1970年代の初めまでは小規模な醸造所が大部分を占めるワインの一産地に過ぎなかった。そのマールボロが、なぜフラグシップとなったソーヴィニヨン・ブランの7割を醸造するニュージーランド最大のワイン産地に成長したのか。それには理由がある。第一に、マールボロが原料ブドウの栽培に適した最高の日差しと最低水準の雨量、肥沃で水捌けの良い土壌と氷結しない温暖な気候に恵まれていたこと。第二に革新的起業家によって、輸出用ワインの生産を目的に、マールボロに大規模なワイナリーが建設されたことを切っ掛けに有力企業がマールボロに集積した結果、ワインクラスターが形成され、さらにブドウの栽培に必要な効率的な作業プログラムや、原料ブドウの品種改良に取り組みニュージーランド・ワインの品質を国際レベルに高めたこと。第三に、「サステイナブル・ワイン生産プログラム」によって、持続可能な原料ブドウの生産とワインの醸造に取り組んでいることである。

持続可能な生産方法は、天敵などの天然由来の生物学的な手法を用いた病害虫の防除や、搾汁したブドウの残り滓をブドウ園に堆肥として還元することや、除草剤の散布や草刈り機に代えて家畜を屋内ではなく屋外で飼育すること、多くの品種を栽培することによって生物多様性を維持することなど多岐に亘っている。

とりわけ、ニュージーランドらしい取り組みのひとつが、雑草管理のためにニュージーランドを象徴する家畜である羊をブドウ園に放牧していることである。ニュージーランドには人口の7倍にあたる3126万頭の羊がいる。羊をブドウ園に放牧することによって、除草剤の散布や草刈り作業が要らなくなる。羊の排泄物（糞）はブドウの肥料になる。ブドウ園に放牧された羊はニュージーランドの風土にマッチしており、世界中のどこにもない、ニュージーランドでしか見ることのできない独特の情景を醸し出している。

オーガニック・ワインで歴史のあるHANS HERNZOG ESTATE WNNERYの三ツ星レストランのマスール（ムール貝）とソーヴィニヨン・ブランの味は忘れ難い。

教え子が経営するWANKEI NEW ZEALANDは、ホークス・ベイで収穫されたメルローやカルベネ・ソーヴィニヨンなどを使用したワインの醸造によって、ニュージーランド国内はもとより、オーストラリアやヨーロッパのワイン・コンペテイションでGOLDやSILVERなど数々の賞を受賞している。2019年には幕張メッセで開催された国際食品・飲料展FOODEX JAPAN 2019の「サクラアワード2019」で金賞を受賞した。さらに、2020年の3月に開催された

International Wine Competition 2020で金賞を受賞している。彼女の造るワインは、ふくよかで格調高く、独特の香りと気品が漂っている。

ニュージーランドの牧歌的で素朴な風景は、少ない人口と牧羊と酪農によって成り立っている。地方の大部分は牧草地やリンゴ園や野菜畑やブドウ園であり、ところどころに小さな集落や羊の牧場が散らばっている。ニュージーランドの美しい風土はユニオン・ジャックの母国である英国の田園風景と重なって見える。

持続可能な生産方法で造られるニュージーランド・ワインは、世界のワイン市場に咲いた一輪の花のようなものである。ニュージーランド・ワインは、フランス・ワインやカリフォルニア・ワインを真似る必要はない。自然と調和したワインを造り続けること、それが競争が激化する世界のワイン市場でニュージーランド・ワインが生き残る道ではないだろうか、私にはそう思えてならない。

エピローグ　食文化の伝播について

世界にはどれだけの数の料理と食文化があるのだろうか。日本国内に限ってみても、北海道と沖縄とでは食文化に大きな違いがある。関東と関西とでは味付けが違うし、料理も同じではない。関東ではしっかりした濃い味つけが好まれるのに対して、関西ではあっさりした薄味が好まれる。このため、関東では濃い口のしょうゆが、関西では薄口のしょうゆが料理に使われている。さらに、九州地方では甘い醤油が好まれるといった具合に、料理の味付けひとつを取ってみても、地域によって大きな違いがある。

世界に目を転じると、お隣の中国では山東料理、江蘇料理、四川料理、広東料理の４大料理のほかに、福建料理、斥江料理、湖南料理、安徽料理、北京料理、上海料理などがある。広大な国土を持つ中国には、これ以外にも全国各地に様々な料理が存在している。インドでも、小麦粉を原料とするナンやチャパティなどを主食とする北インドと、米と魚介類を主体にした南インドとでは食文化が異なっている。ファスト・フード国家アメリカの食文化も西海岸と東海岸とでは大きく異なっている。もともとスペイン領だった西海岸はヒスパニック系やアジア系住民が多く、食文化もエスニック料理やアジア料理の影響を受けているのに対して、アングロサクソン系の住民が多い東海岸の食文化はイギリスやフランスなどの影響が強いといえよう。

米を主食とするアジアと、肉食を基本とするヨーロッパとでは食文化が大きく異なっているが、同じアジアやヨーロッパであっても、国や地域や民族や宗教の違いによって食文化も同じではない。食のたどった歴史は非常にダイナミックであり、多くのドラマやミステリーに満ちている。いま私達が食べているトマト、カボチャ、ジャガイモ、唐辛子、トウモロコシなどの食材は、遙か遠く中米や南米のアンデス地方から、当時のスペインやポルトガルの探検家だったコロンブスやフランシスコ・ピサロやスペインの征服者たちが、ヨーロッパに持ち帰ったものである。

その後、これらの食材はヨーロッパのアジア進出に伴って、ポルトガルやオランダなどによってアジアに持ち込まれた。サツマイモは中央アメリカの原産であるし、キャベツはヨーロッパの地中海沿岸が原産だと言われている。世界三大作物のひとつ小麦は、チグリス・ユーフラテイス川流域、現在のイラン、イラク周辺が原産地とされている。世界百カ国以上で消費されているコメは、アジア（インド、中国）が原産であるが、西アフリカにもアジア稲と異なるグラベリマ稲が存在していることが判っている。人類はおよそ一万年前に、野生のムギやコメの原種を発見し、これらの作物を再生産する方法を見つけたことによって、狩猟生活から農耕生活に転換した（農業革命）。

コメ料理やコメの利用の仕方も国によってさまざまである。日本のコメ料理はずば抜けて多い。ごはん、おにぎり（おむすび）、ちらし寿司、にぎり寿司、いなり寿司、炊き込みご飯、赤飯、お粥、鶏はん、鯛飯、筆まぶし、焼き飯、オムライス、これだけバリエーションに富んだコメ料理のある国はほかには見当たらない。海外には、イタリアのリゾット、スペインのパエリア、インドのチキンビリアニ、韓国のビビンバ、インドネシアのナシゴレン、マレーシアのナクサ、タイのカオニャオマムアン、カオ・パット・サパロット、ベトナムのフォー、トルコのピラフといったコメの料理があるが数は多くない。

そのコメは今から2千数百年前の縄文時代に中国の長江流域から日本に渡来したと言われている。日本に渡来したコメ（稲）が細長いインデイカ米ではなく、丸みを帯びた単粒種いわゆるジャポニカ種だったことが、日本独自のコメ文化、食文化を形成するに至ったと言われている。そのコメが主食として庶民の食卓に登場するようになったのは、江戸時代以降だと言われている。

江戸時代以前の庶民の主食は、アワ、ヒエ、キビと言った雑穀が主で、コメは上流階級の食べ物だった。一般庶民にとって、米は正月などの祝日や結婚式といった特別の日、つまりハレの日にしか口にできない特別な食べ物だったのである。食糧難の時代だった戦中戦後には、白米は銀シャリと呼ばれて庶民には手の届き難い食べ物だった。昭和40年代の初頭までコメは供給が需要を下回っており、コメ不足の時代が続いた。戦前はコメ不足を補うために、台湾や韓国からコメを移入した時代が長く続いた。ところが、今ではそのコメの消費量が大きく落ち込んで、コメの生産調整（減反政策）が実施されている。驚くべき変化である。

歴史とは不思議なものである。嘗てはマイナーな食文化であった日本の食文化がいま世界各地に伝播しつつある。現在、世界中にある日本食レストランの数は、2019年の時点で15万6000店、地域別の内訳は、アジアが10万1000店（2006年の1万店から10・1倍増）と最も多く、次いで北米の2万9400店（同、2・1倍増）、欧州1万2200店（同、4・9倍増）、中南米6100店（同、3・0倍増）、ロシア2600店（同、2・6倍増）、オセアニア3400店（同、3・4倍増）、中東1000店（同、10・0倍増）、アフリカ500店（同、8・0倍増）とすべての地域で増えている。その数は、2006年の2・4万店から2013年の5・5万店、2015年の8・9万店、そして2017年の11・8万店、2019年の15万6000店へと急速に増加している。マンハッタンやパリの街角には、すしバーやラーメン店が軒を連ねるようになり、香港やバンコクなどでは日本食が日常化している。ファストフードの登場によって、良くも悪くも世界の食文化は大きく変わった。その一方で、イタリア発のスローフードや、ロハス（ＬＯＨＡＳ）なライフスタイルやオーガニック食品が静かなブームになっており、欧米ではフェイクミートはあたり前になっている。近年、ベジタリアン（菜食主義者）に加えて、卵やチーズ、蜂蜜などの動物性の食物を一切口にしない完全菜食主義者のビーガン（ｖｅｇａｎ）が欧米諸国を中心に大きく増えており、その数は２０００万人以上と言われている。今回の新型コロナウイルスを契機に、この数は更に増える可能性がある。

果たして、ベジタリアンや超ベジタリアンのビーガンは食文化と言えるのだろうか、それとも健康や美容のためのライフスタイルのひとつと捉えるべきなのか、答えに窮した末に、インターネットでビーガンを検索したところ、実は、日本は明治4年に肉食禁止令（６７５年発令）が解かれるまでビーガンの国だったという意外な答えが見つかった。

日本人が現在のように日常的に肉や乳製品を口にするようになってから、まだ１５０年しか経っていないことになる。ということは、われわれの先祖は６７５年から１８７１年までのおよそ１２００年もの間、肉とか乳製品を口にしなかったことになる。もちろん、魚などの魚介類は食べていたわけだから、動物性タンパクをまったく口にしなかったわけではない。しかしそれにしても肉類を食べなかった日本の食文化は、同じ米を主食とする他のアジアの国々とも大きく異なっており、日本文化の大きな特徴になっている。こうしたことから、明治維新以降も、肉食が庶民の食生活に普及するまでには長い時間が必要だったという。

過去の歴史書や研究資料などから推察すると、食文化の伝播と形成にはキリスト教やイスラム教やヒンドゥー教や仏教などの布教活動が大きな影響を及ぼしたことがうかがえる。ワインはキリスト教の儀式に欠かせないものであるし、醤油や豆腐や麺や酒の製法は仏教の修行僧達が修業先の中国から持ち帰ったものである。アジアで広範に見られるカレー文化もヒンドウー教とともに海を渡ったものと思われる。

遡ると、ギリシャ文明をインドまで伝えたアレキサンドロス大王や、ローマ帝国やオスマン帝国が支配地の食文化の形成に大きな影響を与えたことは紛れもない事実である。その典型が、ローマ帝国によってヨーロッパ各地に持ち込まれたブドウの栽培とワインの醸造である。

食文化の伝播と発展の陰には、地中海やインド洋やアラビア海や南シナ海、東シナ海、果ては大西洋を越えて交易したアラブ商人やヴェネツィア商人や、ユダヤ商人や、中国華僑やインド商人の存在と彼らが果たした役割も大きかったものと思われる。それにしても、移動手段も輸送手段も通信手段も発達していなかった時代に、砂漠や海を越えて交易した先人達の活力には驚かざるを得ない。

あとがき

人と人との出会いがそうであるように、旅先で出会った食べ物や食の生産や流通や調理などに携わっている人たちには、一回限りで二度と会えない場合が多い。とくに遠く離れた海外で出合った食とそれを支えている人達との出逢いは、その時だけの一瞬で終わってしまう場合が多い。拙著は、私が40年間に亘って、世界各地で体験した食と食に関わっている人々との出会いと別れを書き記したものである。

最初に行った国はインドである。当時のインドの人々の生活は、極限状態に近かった。まさに食べることは生きることそのものだった。時代は大きく変化し、世界の食も大きく変わった。世界中の人たちが、コカ・コーラやフライドポテトを求めてマクドナルドに通うようになり、発展途上国でも肥満が大きな社会問題になっている。

かえりみると、私の子供時代の食生活は慎ましいものだった。学校給食もなく、ファストフードもペットボトルも自動販売機もなかった。現在、われわれが消費する食料の量と質は、私の子供の頃とは比較にならないほど巨大になり、高度化し、多様性に富んだものになっている。食料を供給する仕組みは複雑になり、食料のサプライチェーンは国境を越えて世界中に拡がっている。

ワインの世界が、フランス、スペイン、イタリア、ドイツなどのいわゆる旧世界ワインの時代から、カリフォルニアや、チリや、オーストラリアや、南アフリカやニュージーランドなどの新世界ワインの時代に移りつつあるように、食文化も時代とともに大きく変化してきたことは過去の歴史がそれを物語っている。

しかしながら、私達の生活の基盤である食料の生産は、種を播き、家畜を飼い、育て、収穫し、貯蔵するという昔と変わらない生産方法のうえに成り立っている。日頃、当たり前だと思っている日々の食と食の成り立ちについて改めて考えてみる必要があるのではないだろうか。

これまでに訪れた国々の食に関することを中心に、その時々の情景や感じたことを纏めてみることにした。世界の旅の兼高かおるさんには遠く及ばないが、瞬間風速的に立ち寄った国を含めると私がこれまでに訪れた国は35カ国以上に及んでいる。

訪問した場所もマンハッタンや上海のような大都会もあれば、都会から遠く離れたインドや中国の農村であったり、ボルネオやカンボジアのジャングルであったり、虎が出没するという辺境の地に足を踏み入れたこともあった。また、タージ・マハルやアンコール・ワットや万里の長城のような歴史遺産に立ち寄ることもあった。

もとより、私は食文化の研究者でもないし、料理の研究家でもないから、行く先々の有名な料理や食べ物やグルメ文化について解説するだけの知識も能力もない。したがって、この書物は私が各種の調査や研究などで訪問した世界各地の旅先や仕事の現場で出会った食と食に関する体験の中から特に印象に残っているものを拾い出して綴ったものである。とりわけ、滞在期間や訪問回数の多かったインド、アメリカ、中国などを中心に、ヨーロッパ、東南アジア、オセアニアの国々の中から印象深いものを拾い出して取り纏めた。

ここで述べたことは、膨大な量の世界の食に関する情報のほんの一部にすぎない。旅先で出会った食の話を論理的に書くというのは、所詮不可能な作業である。過去の記憶をたどりながら、行きつ戻りつしながら、連想したことを書くしかなかった。それぞれのテーマ毎に関連する写真を挿入する予定だったが、紙幅の制約から各地域の扉だけに限定せざるを得なかった。

最初に訪問してから余りにも時間が経ちすぎて内容に正確さを欠いていたり、当時と現在とでは状況が大きく変わっていることも少なくないと思われる。読者の皆様方のお叱りは免れないが、世界のひとつの「食」物語として読んでいただければ光栄である。この本を手に取ってくださる読者の皆様方に私の感じたことが少しでも伝わり、世界の食に関する新たな視点を提供することができたらこれ以上の喜びはない。

最後に、小書の出版を快く引き受けていただいた筑波書房の鶴見治彦社長には心より感謝申し上げたい。

２０２１年立春

下渡　敏治

著者略歴

下渡 敏治（しもわたり　としはる）

鹿児島県生まれ　日本大学名誉教授

主な著書には、『グローバル化と食品企業行動』（編著、農林統計出版、2014年）、『インドのフードシステム―経済発展とグローバル化の影響―』（編著、筑波書房、2014年）、『東アジアフードシステム圏の成立条件』（編著、農林統計出版、2012年）、『グローバリゼーションとフードエコノミー』（共訳、農林統計出版、2012年）、『食料需給と経済発展の諸相』（編著、2008年、筑波書房）、『食と商社』（共著、日本経済評論社、2006年）、『世界のフードシステム』（編著、農林統計協会、2005年）、『世界最南端のワイン産地　ニュージーランドのワイン産業』（共著、筑波書房、2017年）、『人を幸せにする食品ビジネス入門』（共著、オーム社、2016年）、『日本の産地と輸出促進』（単著、筑波書房、2018年）『日本の食をめぐる不都合な真実（明日の食品産業）』、『食卓から世界を旅する（mundi）』ほか。

世界食紀行 マンハッタンからボルネオまで

2021年5月19日　第1版第1刷発行

著　者　下渡敏治
発行者　鶴見治彦
発行所　筑波書房
東京都新宿区神楽坂2－19 銀鈴会館
〒162－0825
電話03（3267）8599
郵便振替00150－3－39715
http://www.tsukuba-shobo.co.jp

定価はカバーに表示してあります

印刷／製本　中央精版印刷株式会社

ISBN978-4-8119-0599-0 C0026